江戸の書院と
現代の図書館

三澤 勝己

樹村房

口絵① = 広瀬淡窓肖像画（公益財団法人広瀬資料館所蔵）

口絵② = 咸宜園・秋風庵外観写真（日田市教育委員会所蔵）

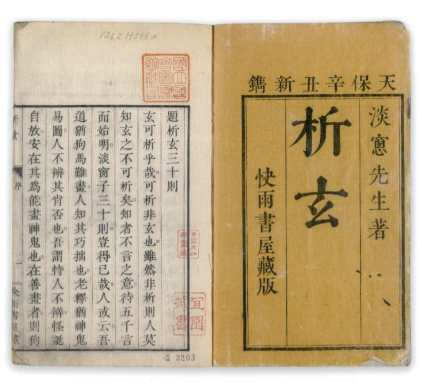

口絵③＝広瀬淡窓著『析玄』（天保12年〈1841〉版本，国立国会図書館所蔵）

まえがき

　筆者はこれまで広瀬淡窓の創設した咸宜園を中心とする江戸時代の学問・教育と，現代の公共図書館・学校図書館における図書館サービス，その中でも情報サービスの問題を，それぞれ研究の課題としてきた。この２つの課題は，一見無関係に思われるかも知れない。しかし，筆者はかねてから，江戸時代の学校と現代の図書館の利活用には，共通する点が見られると考えてきた。その共通点の１つとして，現代の言葉に直すと，情報リテラシー（情報活用能力）の育成を目標とする点があったのではないかと考えている。

　江戸時代最大規模の民間教育施設であった咸宜園は，これまでも世人の注目を集めてきた。しかし，その関心は毎月の成績発表である月旦評に代表されるような仕組み，すなわち試験などによる学力評価の方面に専ら向けられてきた。塾生全員に役割を与えていわば全人教育を目差したこと，その役割の中に蔵書監という図書係があったことや，塾生から図書費を集め，それを使って塾生が共有する図書を購入していたことなどは，ほとんど注意されてこなかったのではなかろうか。塾生の使用する基本文献を複数用意したり，今日の言葉にすると参考図書（レファレンスブック）を揃えていた。それらを利用し，広瀬淡窓の講義，上級生の下級生への指導，塾生相互の討論などの教育が行われていた。

　一方，現代を眺めてみると，学校教育では，児童・生徒が自ら課題を設定して，それを解決するために調査して成果をまとめる，という教育方法が重視されている。そのために，従来ややもすると等閑視されてきた学校図書館の活用に注目が集まっている。また，公共図書館においても，メディアの配置の案内や情報機器の操作方法の説明などに止まらない図書館利用教育に，改めて関心が向けられている。その潮流は，課題解決支援サービスの提案などにも，よく示されているといえよう。学校図書館と公共図書館共に，先に触れた情報リテラシー育成への関心が高まっているといえよう。それはまた，江戸時代の学校の教育とも通底する考え方であると思われる。

　そのような意図を持って，本書は２部９章で構成した。各章のあらましは「序論」に譲るが，その内容について読者諸賢の忌憚のないご批評を仰ぎたい。

iii

江戸の書院と現代の図書館

目次

まえがき　i

序論　*1*

第Ⅰ部　江戸の書院・咸宜園

第1章　広瀬淡窓と咸宜園の教育—職任制を中心として—……………………*10*

　1．はじめに　*10*

　2．学校の経営に関する淡窓の発言　*11*

　3．咸宜園における職任制　*14*

　4．職任制の持つ意義　*17*

　5．おわりに　*21*

第2章　近世私塾の蔵書閲覧規定試考—蜚英館と気吹舎を事例として—……*26*

　1．はじめに　*26*

　2．図書館史の文献における近世の記述　*26*

　3．亀井南冥の蜚英館の蔵書閲覧規定　*28*

　4．気吹舎の蔵書閲覧規定　*33*

　5．おわりに　*35*

第3章　咸宜園の漢籍収集と塾生の閲覧………………………………………*38*

　1．はじめに　*38*

　2．広瀬淡窓略伝　*39*

　3．旭荘の経路による漢籍収集　*42*

　4．知人等の経路による漢籍収集　*44*

　5．その他の経路　*46*

　6．塾生による蔵書の閲覧　*47*

　7．おわりに　*49*

第4章　広瀬旭荘の咸宜園蔵書収集の発想について—柴秋村「蕭舎義書目録序」を手がかりとして—………………………………………………53

　1．はじめに　*53*

　2．柴秋村と広瀬旭荘　*54*

　3．「蕭舎義書目録序」の内容　*55*

　4．「蕭舎義書目録序」の咸宜園に関する記述　*58*

　5．咸宜園の蔵書監及び閲覧時の注意事項に関する記述　*60*

　6．広瀬旭荘の咸宜園蔵書収集の発想　*62*

　7．おわりに　*62*

第5章　広瀬淡窓の著述『析玄』出版と咸宜園門下生・矢上快雨…………65

　1．はじめに　*65*

　2．矢上快雨略伝　*66*

　3．矢上快雨の咸宜園入門　*68*

　4．咸宜園退塾後の矢上快雨　*68*

　5．矢上快雨と広瀬旭荘の交流　*69*

　6．『宜園百家詩』初編と矢上快雨　*70*

　7．広瀬淡窓の著述『析玄』と矢上快雨　*71*

　8．広瀬旭荘による『析玄』板木の取得　*74*

　9．『析玄』の再印　*76*

　10．『析玄』の書誌　*79*

　11．おわりに　*81*

第Ⅱ部　現代の図書館

第1章　学校図書館における情報サービスの意義と重要性………………88

　1．はじめに　*88*

　2．情報サービスとは何か　*88*

　3．学校図書館と情報サービス　*90*

　4．児童・生徒の情報リテラシー育成と学校図書館における

情報サービス　*93*

5．教員及び児童・生徒とのコミュニケーションと学校図書館における
　　情報サービス　*96*

6．おわりに　*97*

第2章　学校図書館と公共図書館の情報サービスにおける協力の動向と今後
　　　への提言─学校図書館側からの協力という視点を中心として─…*102*

1．はじめに　*102*

2．情報サービスの定義　*103*

3．学校図書館における情報サービス　*105*

4．学校図書館と公共図書館との連携協力に関する施策　*107*

5．学校図書館と公共図書館との連携協力の実際　*109*

6．情報サービスにおける学校図書館側からの協力に関する提言　*110*

7．続・情報サービスにおける学校図書館側からの協力に関する提言　*113*

8．おわりに　*115*

第3章　学校図書館と公共図書館との情報サービスにおける連携協力の考察
　　　─学校図書館支援センターの事業を対象として─…………………*121*

1．はじめに　*121*

2．学校図書館と公共図書館との連携協力に関する施策　*122*

3．文部科学省による学校図書館・公共図書館の連携協力推進事業　*125*

4．千葉県市川市の学校図書館支援センターの取り組み　*129*

5．石川県白山市学校図書館支援センターと島根県松江市学校図書館支援
　　センターの取り組み　*131*

6．学校図書館と公共図書館との連携協力による情報サービス
　　への提言(1)　*134*

7．学校図書館と公共図書館との連携協力による情報サービス
　　への提言(2)　*136*

8．おわりに　*140*

vi

第4章　学校図書館における読書相談サービスの可能性 ····················· *147*

1．はじめに　*147*

2．司書課程・司書教諭課程のテキストにおける読書相談・読書案内
　　の使用例　*148*

3．読書相談と読書案内　　*149*

4．学校図書館と読書相談　　*151*

5．学校図書館における読書相談の実際　　*152*

6．学校図書館における読書相談の可能性　　*153*

7．おわりに　*155*

あとがき　　*172*

索引　　*173*

初出一覧　　*176*

序論

　本書は2部構成を採っている。第Ⅰ部「江戸の書院・咸宜園」では，江戸時代における民間の教育施設として，創設者広瀬淡窓の名と共に広く知られる咸宜園を取り上げた。5つの章で構成したが，咸宜園は江戸時代の代表的な私塾とされ，筆者もこれまで私塾という用語を使用してきた。

　しかし本書では，書名や部名に書院という用語を用いた。書院とは周知のように，中国の宋代に広がった民間の教育施設に用いられている言葉である。中でも，朱熹（朱子）の復興した白鹿洞書院はよく知られている。ここで江戸時代の民間の教育施設を書院と呼称したのは，日本における民間の教育施設を，東アジアの中に位置付けて考察する動きが出ていることによる。本書にはそのことを考察した論考はないが，筆者にもその志向のあることによっている。

　この動向に関連して，吾妻重二氏は「『書院』とは要するに民間の学問所のことで，同類の施設は日本では『私塾』と呼ばれることが多いため，一見違うような印象を受けるが，ともに民間の学問・教育施設であることに変わりはない」と言われる。さらに，「こうした書院（私塾）が近世時期に至って，東アジアの諸地域に広範に設けられたことは興味深いことといわなければならない」と述べている（「東アジアの書院について─研究の視覚と展望─」〈『東アジア文化交渉研究　別冊』2，2008年6月〉）。

　書院という言葉からは，日本の場合，中江藤樹の藤樹書院が想起されるが，江戸時代の民間の教育施設に「書院」の名が付けられているところは決して多くはない。しかし，江戸時代にさかのぼると，私塾という呼称も多くはなかった。その点を海原徹氏も，「私塾を名乗る事例そのものがきわめて珍しく」といわれている（『近世私塾の研究』〈思文閣出版，1983年〉）。また，私塾という用語を使う史料も，熊本藩儒辛島塩井の『学政或問』などわずかである（『日本教育史資料』8〈文部省，1890～1892年〉）。むしろ，明治時代に入り，各府

県からの報告により作成された「私塾寺子屋表」が示すように，後代に定着した用語ではなかろうか（前掲『日本教育史資料』8・9所収）。その点で示唆に富むものが，湯浅邦弘氏の懐徳堂に関する考察である。懐徳堂は懐徳書院とも称し，中国の書院の制度を規範としていたという（「書院としての懐徳堂」〈前掲『東アジア文化交渉研究　別冊』2〉）。無論，懐徳堂と咸宜園を同列に論じることはできない。懐徳堂が「白鹿洞書院掲示」を掲げ，創立当初から中国の書院を意識していた点は，明らかに咸宜園とは異なっている。しかし，今後，咸宜園を書院の中に位置付けて検討してみる必要があると考えている。

　さて，第Ⅰ部では咸宜園の図書館としての機能と，淡窓の著述の出版について検討した。江戸時代の教育施設における図書館としての機能は，岡村敬二氏の『江戸の蔵書家たち』（講談社選書メチエ，1996年）を先駆として，近年関心が高まっている問題である。最近でも，新藤透氏の『図書館と江戸時代の人びと』（柏書房，2017年）が刊行されている。しかし，石見尚氏の『図書館の時代』（論創社，1980年）で咸宜園の図書館機能を取り上げているほかは，司書講習科目の「図書・図書館史」のテキストでも，ほとんど取り上げられていない。その点では，従来言及されていない問題について，多少明らかにする点があったのではないかと思う。

　ここで，各章のあらましを述べておこう。第1章「広瀬淡窓と咸宜園の教育―職任制を中心として―」は，従来，咸宜園の教育について，月旦評に代表される成績評価に比べて，従属的に扱われてきた職任制に焦点を当てて考察した。職任制とは全寮制を基本とした咸宜園において，塾生全員に何らかの役割を与える制度であった。職任制を端的に把握する史料に，咸宜園の規約類がある。しかし，淡窓の時期には，その晩年の職任制の様子が断片的にわかる規約がわずかに現存するだけである。そこで，淡窓没後の成立と考えられる規約，門下生武谷祐之の随筆『南柯一夢』や淡窓の日記なども加えて，淡窓時代のそれを可能な限り考証した。

　その結果，職任制の経緯，具体的な職任の名前と役割を明らかにした。さらに，職任制の持つ意義を考察した。各職任は，基本的には成績の結果である月旦評の等級に対応していたことを述べ，その典型である都講を取り上げた。ま

た，月旦評の等級を基本としながらも，職務の特殊性や人柄という要素を加味して選抜する職任もあり，その例として会計担当者の主簿や常設秘書の常侍史を取り上げた。そして，それらの職任を選抜するために，淡窓はあらゆる機会を通じて塾生の資質や適性を観察していたのではないかとの推測を述べた。

第2章「近世私塾の蔵書閲覧規定試考—蜚英館と気吹舎を事例として—」は，江戸時代後期に亀井南冥の開いた蜚英館と平田篤胤の開いた気吹舎と，場所も教育内容も異なる2つの学校を取り上げた。蜚英館については南冥の作った『蜚英館学規』（南冥が祭酒を務めた福岡藩藩校の西学問所〈甘棠館と称する〉の『甘棠館学規』も同じ内容），気吹舎については平田延胤の代に作成されたものと推定される『気吹舎塾則演義』（無窮会神習文庫所蔵）をそれぞれ史料とした。この2つの塾には全く交流はなかったが，共に塾生に対する塾の蔵書閲覧や貸出を認め，それを定めた閲覧規定の存在したことを確認することができた。それはまた，多くの他の藩校や塾などにも見られたこと，また，南冥の作った『蜚英館学規』は，淡窓への影響が考えられることを指摘した。

第3章「咸宜園の漢籍収集と塾生の閲覧」では，淡窓や末弟旭荘らの個人蔵書と分離し難い面を持ってはいるが，咸宜園の蔵書はどのように収集されたのか，について漢籍の角度から検討した。それは，大坂で塾を開いた旭荘による収集，父が日田代官を務め自身も少年時代を日田で過ごした羽倉簡堂などの知友や，咸宜園門下生の矢上快雨などからの提供があったことを明らかにした。次に，前述の職任制に関連して，武谷祐之『南柯一夢』によれば，書記という職任があり，写本を作成していたと推定されることを述べた。さらに，同じく『南柯一夢』により，塾生から図書費を集めていたこと，職任の内の蔵書監は塾生への閲覧・貸出業務を行っていたこと，咸宜園で使用された基本的なテキストは，複本が購入されていたことを明らかにした。

第4章「広瀬旭荘の咸宜園蔵書収集の発想について—柴秋村『粛舎義書目録序』を手がかりとして—」では，旭荘の門人柴秋村の作品を集めた『秋村遺稿』に収められている文章「粛舎義書目録序」の内容を分析した。これは広瀬旭荘の塾である粛舎において（従来，江戸の旭荘塾を粛舎としてきたが，この史料からは大坂の塾も粛舎と呼んでいたことがわかる），秋村が塾生の共同利

用できる書物（ここでは義書と名付けている）を集積するために，塾生から図書費を募るという趣旨の文章である。

　さらにこの文章では，咸宜園において蔵書を収集し，そのための費用を塾生から集めたことに触れ，それは旭荘の発案によるという指摘をしている。これは前章の『南柯一夢』の記述と照応している。また，蔵書監の役割に触れていると共に，蔵書の取り扱い事項に細かく言及している点は，従来の咸宜園の規約類に見られないことを指摘した。

　第5章「広瀬淡窓の著述『析玄』出版と咸宜園門下生・矢上快雨」は，『老子』の趣旨を敷衍した内容を持つ淡窓の著述である『析玄』の出版に至る経緯を検討した。同書は淡窓57歳の天保9年（1838）10月に脱稿して，3年後の天保12年に，咸宜園門下生の矢上快雨により蔵版として上梓された。しかし，快雨は『析玄』出版の数か月後である天保12年12月に死去した。そのため，『析玄』の板木を旭荘が買い取り，その板木は大坂の書肆河内屋茂兵衛（初代，岡田氏，群玉堂）に預けられ，天保15年（12月2日に改元，弘化元年）に河内屋茂兵衛と江戸の須原屋茂兵衛（八代，北畠氏，千鐘房）との連名により改めて上梓された。

　これまで，『析玄』の出版経緯にはあまり注意が払われてこなかったが，そのことは旭荘の『日間瑣事備忘』に詳細に述べられており，本章では『日間瑣事備忘』の記述に注目して，『析玄』の出版経緯を検討した。

　第Ⅱ部「現代の図書館」では，現代の図書館，取り分け学校図書館に焦点を当てて考察した。4つの章で構成し，公共図書館との連携協力を念頭に置きながら，今後ますますその重要性を増すと考えられる学校図書館における情報サービスについて検討した。

　第Ⅱ部についても，各章のあらましを述べておこう。第1章「学校図書館における情報サービスの意義と重要性」では，学校図書館の「読書センター」「学習センター」「情報センター」という位置付けの中で，後方に置かれている「情報センター」の役割について検討した。

　分析の方法として，学校図書館と公共図書館とを比較して，情報サービスの共通点と相違点とを考察した。その内，相違点の1として，児童・生徒の情報

活用能力育成のため，学校図書館ではなるべく本人に調査させる方針を重視する傾向の強いことを挙げた。その２としては，学校図書館は利用者を特定することが可能であり，その情報要求に基づく質問もある程度予測できることを挙げた。そして，この２つの相違点に対する学校図書館担当者の対応策として考えられる私見を述べた。

第２章「学校図書館と公共図書館の情報サービスにおける協力の動向と今後への提言─学校図書館側からの協力という視点を中心として─」では，学校図書館と公共図書館の連携協力の問題を扱った。これは国の施策もあり，各地で促進されている取り組みである。しかし，それは専ら公共図書館側からの学校図書館への人的・物的支援が中心であり，学校図書館側からの連携協力がほとんど見られないことが指摘されている。

そこで，学校図書館の側から何ができるかを，情報サービスに焦点を当てて検討した。前章にも述べている学校図書館の公共図書館と異なる特性を活かし，児童・生徒の学んでいる教育内容，あるいは児童・生徒が日々，どのような興味や問題関心を持っているか，を随時伝えることが考えられることを指摘した。それはまた，公共図書館のより一層のレファレンスサービスの充実に資することにもなることを述べた。

第３章「学校図書館と公共図書館との情報サービスにおける連携協力の考察─学校図書館支援センターの事業を対象として─」では，国の施策の１つである「学校図書館支援センター推進事業」の後援もあって，設立が促進された学校図書館支援センターに焦点を当てた。

「学校図書館支援センター推進事業」の指定を受けた自治体の内，過半数の自治体が事業終了と共に学校図書館支援センターを廃止したこと，その連携協力の実際は，資料の物流が中心であったことが指摘されている。しかしその一方で，同事業終了後も，学校図書館支援センターを設置する自治体が増加しており，注目される取り組みである。

中でも，「学校図書館支援センター推進事業」の指定を受けて以来，活発な活動を継続して，ウェブ上での広報なども丁寧に配信している自治体として，千葉県市川市・石川県白山市・島根県松江市の３つの自治体の学校図書館支援

センターの取り組みに着目した。そして，これらの自治体の先進的な取り組みを紹介・分析した。次にその現況を踏まえて，情報サービス面における学校図書館と公共図書館の連携協力として何が可能であるかについて，筆者なりの提言を試みてみた。

第4章「学校図書館における読書相談サービスの可能性」では，図書館サービスの一つとして，従前より知られる読書相談サービスを取り上げた。このサービスについて，学校図書館における位置付けや役割という角度から検討した。読書相談は読書案内あるいは読書アドバイスともいわれ，同義で使われることが多い。これらの用語を，司書課程・司書教諭課程で使用されているテキスト類から取り出した。その結果，貸出業務の一環とする見解と，情報サービスのそれとする見解に分かれていることが確認できた。いずれが妥当かは軽軽に論じられないが，小田光宏氏の所論に賛成し，利用者からすればレファレンスサービスも読書相談も区別はない，とするのが妥当ではないかと述べた。

また，「れふぁれんす三題噺」（『図書館雑誌』に連載中）の中で，学校図書館から発信されている事例30余の内，図書を特定していない読書相談の12の事例を紹介した。そして，これらに見られる共通する要素を取り出し，読書相談への学校図書館における対応策を検討した。

以上が各章のあらましであり詳細はそれぞれの内容に譲るが，第Ⅰ部で江戸時代後期の咸宜園を取り上げ，第Ⅱ部で現代の特に学校図書館の情報サービスを取り上げた意図を述べておきたい。それは，咸宜園にも図書館の機能があり（当時の教育施設に共通している），現代の図書館，取り分け学校図書館と，理念の上で通底するもののあったことが考えられることにある。また，江戸時代後期と現代の置かれている時代状況の類似している点も挙げられる。今日の児童・生徒に求められている学習指導要領に見える「生きる力」，あるいは情報リテラシー（情報活用能力）は，江戸時代の学生にも同様だったのではないだろうか。その意味から，学校図書館の存在意義は，江戸時代も現代も重要であったと考えられる。それが本書において，江戸と現代を並べた理由である。

なお，本書は第Ⅰ部第5章と第Ⅱ部第4章を新たに執筆したほかは，個別の論文として執筆したものである。今回，一書に成すに当たり，第Ⅰ部を松野敏

之氏，第Ⅱ部を篠塚富士男氏，にそれぞれ専門家の立場から校閲していただいた。その結果，筆者の誤解や認識不足の点について指摘を受けたので，当該部分を修正したほかは，執筆時のままの内容とした。そのため一書にまとめた時，重複する記述も少なからず見られる。しかし，それぞれの論文執筆の際に，自分なりに最善を尽くして書いたものなので，あえてそのままの記述内容とした。

第 I 部

江戸の書院・咸宜園

第 1 章

広瀬淡窓と咸宜園の教育
—職任制を中心として—

1. はじめに

　近世後期の儒者広瀬淡窓（天明2年〈1782〉～安政3年〈1856〉）は，幕府直轄領であった豊後国日田に，代官所出入りの富裕な商家の長子として生まれた。青年期の数年間，福岡に出て亀井南冥・亀井昭陽に従学した外は[1]，日田で生涯の大部分を過した。家業は次弟の南陔が継承し，淡窓自身は郷里に設立した私塾の咸宜園において，多数の門弟を教育したことで夙に知られる。したがって，淡窓に関する研究論著も膨大な数に上る[2]。それらにより，淡窓の教育については論じ尽くされているかのように一般には受け止められていよう。しかし，未だ取り上げるべき課題も少なからず存している。その一つが，咸宜園において塾生全員に何らかの役割を与える職任制，と淡窓が呼称した制度の分析であると思われる。そこで，職任制に検討を加え，淡窓の教育の一端を明らかにしてみたい。

　本稿では先ず淡窓の著述の中から，その教育観を述べた記述に着目し，特に学校の経営に関する発言を取り上げその主張を検討する。次に，その教育観を具体化したものが咸宜園の教育制度であると考えられるから，その仕組みについて考察する。その教育制度は，毎月発表された成績表の月旦評に象徴される教科教育の面と，塾生全員に役割を与える職任制とが，相互に関連して構成されていたと思われる。従来は前者の教科教育の側面に専ら注目する傾向があり，職任制はあまり注意されないように見受けられる。そこで，職任制を中心に検討し，咸宜園の教育制度と背後にあった淡窓の教育観を考察したい。

第1章 広瀬淡窓と咸宜園の教育 | *11*

2. 学校の経営に関する淡窓の発言

　淡窓の著述の中で，学校の経営に直接的に関連する教育観を述べている発言
は，管見ではそれほど多くはない。ここでは，直接的に関連すると考えられる
発言を取り上げて，その主張について考察してみよう。

　その意味において，『謙吉へ申聞候事』[3]は淡窓の見解がまとまっているもの
として注目される。これは，天保元年（1830）にいったん，咸宜園の経営を末
弟旭荘に譲る際，淡窓から旭荘に教戒として渡されたものである（旭荘は同7
年に堺に，同9年には大坂に移居した）。その中で

　　　世間ニ名儒多ト雖モ何レモ面倒なる事ヲ嫌ヒ，門人ノ世話行届不申。夫故
　　　門下モ繁盛不致候。併是は官禄アル人に候間，其分に而相済申候。我等其
　　　方は門人の力ヲ以て妻子を養候得ば，第一の天職なり。努々麁略に不可存
　　　候。

と述べている[4]。幕府や藩に仕官している儒者とは異なり，我々の場合は門人
の指導教授こそが生活の資を得る方法であり，文中では「第一の天職」である
とも述べている。亀井父子に従学した淡窓は，帰郷後に病を得て伏枕の日々を
過すことが多くなった。そのような苦悶の中で，肥後から来ていた倉重湊とい
う人物の激励により，決然と講業の開始を決意し，塾の経営に生涯にわたって
専心する[5]。そのような淡窓であるから，門人の教育が自分に与えられた最も
大切な務めであるという思いを表白しているといえる。

　そして，門人への教育を僧侶と檀家との関係になぞらえて，

　　　儒家の門人は僧家の檀越同様に候。檀越帰依なく而は寺は難相立候。但檀
　　　越は公儀にも通り候物に而，容易に離檀致候儀は出来兼候得共，儒家門人
　　　はソレと違ひ，朝ニ来リ暮ニ去ルモ心次第に候間，別してあしらひ難き物
　　　に候。又仕方宜き時は繁盛致も易候。因而門人の帰依第一の心掛に候。

と述べている。僧侶は寺請制度により保護されているのに対して，儒者の塾で
は容易に門人は離れていく存在であり，教育内容の是非が門人をひきとめる方
法であることを表明している。塾の経営を生計の唯一の道として選び取った淡

窓にとって，その塾の教育内容がいかに重要な関心事であったかがわかる。

　それでは，どのような教育方法を採ったのであろうか。『謙吉へ申聞候事』から，引き続きそのことに言及している部分を取り上げる。

　　凡諸生は皆少年英気の徒に而桀驁ニシテ難制。動スレハ事を引出して師家
　　の難題に成候儀有之候。大学校に而さへ殺害の変アリ。況ヤ其他の場所ヲ
　　ヤ。我等教授の初年より其処を深く心遣致候に付，凡悪事の出来るべき根
　　源を推窮して其処に厳禁を設て之を制す。其大意者英気を消し圭角ヲ除キ
　　柔弱にして律令に従はしむるを主とす。扨禁を厳にするからは禁外の事は
　　如何様に致候而も一切差許し置候。

昌平坂学問所の変事を例示しながら，規則規約により塾生を束ねる方法の採用を述べている[6]。これは，亀井父子の許での体験の反面教師とも目されるが[7]，教科教育にも職任制にも反映されている考え方である。ただし，規約で縛りつけるばかりではなく，規約に記されていないことでは自由を認めるという考え方には，注意すべきであろう。これは，淡窓の思想の持つ融通性とつながる。

　このような禁令による教授について，さらに次のように説明している。

　　我等儀不才無能ニシテ世間の事一も人並に勤り不申候へ共，教授の儀は
　　二十年来心を砕き候に付手覚へ候処も有之，門下も他方よりは繁盛に候。
　　大抵我等日々相勤候講釈会読詩文の添削等の儀，自身の力ヲ用候分者格別
　　多き事は無之，大方門人任致候間，外人より見候得ば余程閑暇に相見え候
　　得共，人の心付キ無之処に工夫ヲ労候。凡席序ノ法分職ノ法課程ノ法試業
　　ノ法一切ノ規約等，何れも二十年来の工夫ヲ以て或ハ増減シ或ハ改革致置
　　候。其内ニモ仕損じ候事も毎々有之候。夫故当時に至り而は大抵の事は人
　　に任せ置候而も相済候は，ヂバン能り居候故に而候。喩は人自鳴鐘の撃
　　タズニ鳴るは致承知候得共，内ニ六ケ敷カラクリの有之は外よりは見へ不
　　申類に而候。自今以後其方其任に代り候ニ付而は其心得可有之候。

教育方法についてさまざまな努力をしてきたことを記しているが，従来あまり着目されていないが，教育のかなりの部分に門人の力を利用していると述べている点は重要な点であろう。ここでは，「講釈会読詩文の添削等の儀」と教科教育を事例にしているが，「分職ノ法」即ち後述する職任制にも門人に委ねる

という考え方は反映しているのである。

　さらに，次のように続ける。

　　講釈会読抔我等が改ル分ヲ其通に勤メ候而も心の用方親切に無之候而は行
　　届不申候。凡諸生の人品一様ならず。才子アリ不才子アリ富生アリ貧生ア
　　リ長者アリ幼者アリ勤者アリ惰者アリ塾生アリ外来生アリ其人によりて其
　　望不同。夫故に規約課程ノ類ヲ定むるに彼に便ナレバ此に不便ナリ。右に
　　喜ぶ者アレバ左に怨ル者アリ。抑も面倒なる物に候。我等存念に而は人を
　　余サズ洩サズ引入候積リニ付，一事ヲ始メ一令ヲ出スにも必前後左右を考
　　へ候間，其内には迂曲ニシテ捷直ナラズ，参差ニシテ斉整ナラヌ事多く
　　候。其事情は自己の心底に含み候迄にて口には難申出候。左様の処に貪着
　　なく唯理の当然を以て一概なる取計を致候はゞ当分は何事も明白斉整ニシ
　　テ立派ニ見ユレ共，次第に人数減省シテ門下の元気索然となるべし。

「我等存念に而は人を余サズ洩サズ引入候積リ」と，広範囲から門人を迎える
姿勢を示すと共に，教育方法を固定的に考えるのではなく，絶えず工夫をして
いく姿勢を強調している点が注目される。これは，先に触れた規約による束縛
とそれ以外では自由を認める考え方とも連関する。淡窓は融通性を持つと前述
したが，「時処意」を重視する淡窓の思想に見られる柔軟な発想から出てくる
考え方であろう[8]。

　学校に関する淡窓の発言としては，今一つ諸侯を念頭に置いて書かれ天保11
年に成立した経世論者『迂言』の「学制」篇が挙げられる[9]。これは藩校を想
定して書かれているので咸宜園とは同列に論じられないが，当然のことながら
淡窓自身の実践を踏まえた論といえよう。「素読ヲ授クルコトハ，輪講生輪読
生ニ命シ，輪読ヲ監スルコトハ，文章生輪講生ニ命スヘシ。輪講ヲ監スルコト
ト，文章ヲ試ムルコトハ，教官自ラ之ヲナスヘシ。」という提言は，先に見た
塾生の教育への活用という考え方と共通している。

　さらに次のように述べる。

　　輪講ヲ試ムルハ，唯其書籍ノ方面ニ通スルト，不通トヲ知ルカ為メ而已ニ
　　ハ非ス。講者言語明白ニシテ，譬喩親切ニ，イカニモ聴者ノ肺肝ニ通徹シ
　　テ，尤ニ覚ユルハ，弁才アル故ナリ。如此者ハ成長ノ後ハ，四方ニ使シ

テ，君命ヲ不辱ノ徒ナルヘシ。又言語拙訥ニシテ，論弁明白ナラス，聴ク
人茫然タルハ，其人弁才ナキナリ。如此ハ，仮令ヒ書面ノ義ニ誤ナクト
モ，貴フニ足ラス。

輪講において講義をする者は，書物の内容を理解していることだけではなく，
講義の仕方を評価の材料として，優れている者は応接の士に充てることができ
ると説いている。引用部分のこの後では，文章を書かせるとその人物の見識や
才智はわかるので，日用に使われる和文を書かせてみることを提案する。それ
も挙用の材料とすべきことを説いている。人材を選抜する役割を担う奉行につ
いては，「故ニ奉行ノ任ハ，人ヲ育スルニ始マリ，人ヲ知ルニ終ルナリ。人ヲ
育スレハ，国ニ賢才多クナリ，人ヲ知レハ，職任各其宜キヲ得ルナリ。」と述
べている。学生に課した教科教育は，書物の内容を理解しているかどうかだけ
ではなく，その人物の見識や才能を見る場でもあると考え，それにより適材適
所の人事を行うことを説いている点は注目される。

3．咸宜園における職任制

　淡窓の講業は，前述の倉重湊の忠告を受けた文化元年の翌年，近在の長福寺
の学寮を借りて開始された。同年中に，大坂屋林左衛門という人物の家の一部
を借り，塾を成章舎と名付ける。借家が狭隘になり，一旦実家に戻り，同4年
に伊予屋（手島）義七の援助を受けて，新たな土地に塾舎を構え桂林園と命名
した。結婚や病気療養などから，桂林園での10年間は実家から塾に出向き教授
を行い，塾生と起居を共にすることはなかった。そこで，塾生と起居を共にす
る場を求め，同14年に伯父の広瀬貞高（秋風菴月化と称して俳諧で著名であっ
た）の隠宅秋風菴近くに塾舎を造り咸宜園と名付けられるのである。
　早くも文化2年の成章舎の時期に月旦評作成に着手，同4年には入門簿が開
始され，初期の段階から教育方法に留意していたことがわかる。教科教育の方
面は先学の諸研究で説明されているので割愛して，従来あまり考察されない職
任制の経緯や内容を考察する。
　職任制を把握するには，咸宜園の規約類が何よりの史料となる。しかし，淡

窓の時期はその晩年の職任制の様子が断片的にわかる規約がわずかに存する，というのが現状である。淡窓研究の先駆者中島市三郎氏が紹介され，職掌が網羅的に示されている『塾則』は，淡窓没後の史料と考えられる[10]。あるいは，咸宜園研究で度々引用される武谷祐之の随筆『南柯一夢』も，淡窓が直接述べた史料ではないという制約がある[11]。したがって職任制の把握は難しい面があるが，これら諸史料に加え，淡窓の日記をも使い考察してみよう。

淡窓の日記では，文化10年10月5日条「開十八史略講。命肩吾為之。」（『淡窓日記』巻1上），同11年3月9日条「始置塾長。童子監職。使肩吾。玄海為之。」（『淡窓日記』巻2下）と日記執筆の開始早々から関連記事が出てくる[12]。前者は『十八史略』の講座を門人に主催させたという記事，後者は同じ門人を塾長に，もう一人を童子監に任じたという記事である。講業開始から8・9年後であるから，早い段階から職任制にも留意していたことを窺うことができる。その後，「開史記世家会業。使観潮為之。」（同11年4月4日条）などと，教科教育の方面の職任制関連記事は頻出する。他方，寮生活に関わる職任はあまり出てこない。わずかに淡窓の身辺を手伝ったいわば常設の秘書と考えられる常侍史は頻出する[13]。そのような中で，塾を統括する塾生の代表を見ると，前記の塾長から一時は総管と呼称（文政7年3月14日条「改塾長法。〈総管一人。塾長一人。勾等諸塾。……〉」，『遠思楼日記』巻3），都講に落着した模様である（天保4年5月11日条「代謙吉為塾政。〈謙吉有著述之志。欲得数月之間。故代摂之。因欲革塾旧弊也。〉改塾長為都講。……」，『醒斎日暦』巻5）。この職名の変遷にも，咸宜園教育への工夫を見ることができる。

このような経過を経て，天保12年（淡窓60歳）の『辛丑改正規則』[14]，その2年後の同14年の『癸卯改正規約』などに[15]，まとめられていったものと思われる。それぞれ同時に出されたものと考えられる『告諭』が付載されている。これらに出てくる咸宜園の職任の名称と，『癸卯改正規約』で職務内容を説明している場合に該当部分を掲げる（カッコ内に掲載）。また，『南柯一夢』で説明している場合は該当部分を併記する。

都講・副監

都講一名，塾務ヲ司リ，又教授ノ補助ヲス。副監ハ一名，都講ノ輔佐タ

リ。(『南柯一夢』)

舎長

主簿（主簿は，財用に預り候儀に而，塾生之為，関係甚重候。）

　主簿ハ一名，塾生ノ会計ヲ司リ，味噌醤油粮米塩炭薪魚菜等買入，生徒
　ノ糧食，浴湯ヲ支給スルコトヲ執ルナリ。(『南柯一夢』)

経営監（月朔十五日都講又は経営監より，諸塾之破損見廻り，師家へ可相
達事。）

新来監（惣而新来之輩は，新来監と申ものを立置，万端心附させ候得共，
時によりては，其任に当るへき人柄も無之，行届さる事多候。）

　東楼舎長，新来監ヲ兼ヌ。生徒ノ新ニ入門スル者ニ，塾規教科及諸事ヲ
　指揮ス。新来ノモノ，塾生衆多ナル等ニ驚惑シ，遂ニ帰郷スルモノアル
　ヲ以テ，諸事諄々告諭シ監督スルヲ司ルナリ。(『南柯一夢』)

講師・会頭・句読師（講師会頭句読師は，師に代り道を伝候儀に付，勿論
重任に候間，誤を伝不申様に有之度候。）（新来は，初入後五日より句読師
丈け相務，其他は一切差除き，廿日より旧来同様に可相務事。）

侍史（旧来並に新来入塾の砌，欠職無之節は，上は句読師，下は侍者，二
つの内にいたし置可申事。）

　輪番侍史，講堂ニ直シ，師ノ使令ニ充ツ。定侍史ハ三四名，師家ノ書室
　ノ洒掃，応問接待等ヲ支給ス。(『南柯一夢』)

洒掃

　洒掃監，東西塾，東西家，講堂，心遠処，官道ノ洒掃，中下等ノ徒之ニ
　任シ，監ハ上等ノ生，舎長ノ次席等ヨリ任ス。(『南柯一夢』)

典薬（重症に而食事進兼候はゝ，典薬より師家へ相達候上，自菜差許可申
事。）

　典薬ハ，生徒医治熟錬ノモノヲ選ヒ任ス。若シ之ナキ時ハ他医ニ托ス。
　(『南柯一夢』)

夜番（夜番は西に両人，東に両人。夜食差許候事。）

　夜番西二名東二名。夜半互ニ往来撿査シ，厳シク夜ヲ守ラシム。(『南柯
　一夢』)

給事

三飯ハ西塾ノ二室三室ニ於テス。 …… 中下等ノ生給仕二名，第二室
三室ニ飯台ヲ列ヌ。裝飯アリ。(『南柯一夢』)

これらのうち，講師・会頭・句読師は，前述のように教科教育に弟子を活用す
る方法を示しており，侍史には二種類あって，交替制の輪番侍史（『癸卯改正
規約』の侍者はこれを指していよう）と常侍史（『南柯一夢』では定侍史）と
があったことがわかる。

また，淡窓の晩年になる『嘉永五年壬子改正　塾約』には，塾長・蔵書監・
直日・火監という職務が出ており[16]，このうち蔵書監については，『南柯一夢』
に「蔵書監ハ，又舎長次席ヨリ任ス。蔵書ノ出納ヲ司ル。」と説明されてい
る。その他，『南柯一夢』には書記・威儀監という職任が出ている。書記は，
「師ノ要書ヲ謄写ス。日々二葉トス。」と説明され，淡窓の必要とする書籍の筆
写を担当したことを窺わせている。

後年の『塾則』では「職掌」に21の職任が列挙され，「雑職」に４つ挙げら
れている。淡窓時代の職任を基本的に継承しつつ細かくなっている部分があ
り，また，職名や役割の変更も見受けられる。副監は講師と名称変更され，
「上席舎長兼務」の職任で，「都講ヲ佐ケ又其不在病気等ノ節其職務ヲ代理ス」
と説明されている。「講堂長」が設けられ，「課業試業ノ順序ヲ整理ス」と述べ
られている。主簿は司計と大司計の２つの名称に変り，担当を分担するように
なった模様である。『塾則』では，司計は「米穀薪炭及ヒ金銭ノ出入ヲ処理
ス」，大司計は「学資ノ内納ヲ掌リ諸生ノ倹奢ヲ監視ス」と説明されている。
書記は「月旦評ノ浄写ヲ勤ム」とあり，淡窓時代とは筆写する対象が異なって
いたように思われる。

４. 職任制の持つ意義

先学の諸研究を通覧すると，職任制にほとんど触れない研究も少なからずあ
り[17]，触れている研究でも，総体的に教科教育の側面を主として，職任制はそ
の従属として簡略に触れている。ここで職任制に言及している研究を取り上げ

てみると，まずルビンジャー氏は[18]，職任の実際を前掲『塾則』に基づき説明されている。しかし，この規約は淡窓没後の史料と考えられることに注意を要するであろう。また，『癸卯改正規約』の「都講以下，諸之職任，時宜に随ひ，かならずしも席序に不拘事。」を取り上げて，「淡窓によると，都講を別にすれば，月旦評の地位は仕事の割当てと関係がなかった。」と言われる。が，この典拠とする史料の文言は，それぞれの職任は基本的には等級に相応すると考えていたと見るべきではないだろうか。次に井上義巳氏は，「その成績を示す在級の等差によって，上は都講・舎長等から，下は塾舎の清掃係まで，すべて分職があり」と言われている[19]。この説明はルビンジャー氏とは逆に，すべての職務が成績と対応していたと解釈している。しかし，先の史料の文言では，等級のみを基準とすることができない職務もあったことを窺わせている。次に田中加代氏は[20]，「塾生それぞれの力や個性に応じて仕事を分担させたものである。」「それは知的訓育に偏らず，役務を通して実際的な知識を獲得させることも勿論ではあるが，指導力や組織力をも培い，新時代の指導者層を養成する急務をも担っていたと思われる。」と言われる。方向性としては首肯できる見解だが，それを具体的には論証していない。また，海原徹氏は近著で[21]ルビンジャー氏同様に『塾則』により職任を説明されているが，淡窓の時期と没後とを同一に扱うことには留保すべき点があると思う。さらに，「書記は毎月作成される月旦評の浄書を担当し，余暇には師の淡窓の主著を日々二葉ずつ謄写した。」と説明されるが，これは前掲の「師ノ要書ヲ謄写ス。日々二葉トス。」（『南柯一夢』）と「月旦評ノ浄写ヲ勤ム」（『塾則』）が，任意に組み合わされている記述であり，史料に正確に則してはいないと思われる。

　それでは，淡窓は職任をどのように考えていたのであろうか。淡窓には上職と下職という考え方があり，基本的には月旦評に対応させて捉えていたと思われる。これは先程の『癸卯改正規約』の文言の部分だけではなく，同規約に「上職に而閑暇なるは，必す兼職有之。下職に而も煩労なるは，免役之筋有之様可取計事。」「上席之輩，再遊之節，欠職無之候はゝ，当分の処は，下等之職相務可申事。」にも見ることができる。また，淡窓の日記には「分職差等」を作ったという記事も見える。それによると，塾長（後の都講）・副監・諸塾監

（舎長に相当するであろう）・諸会頭（会読・輪読などの会の責任者）・主簿・書記は上級の六級から四級の成績に対応し，侍者・直日は三級から一級の成績に準拠，掃人（洒掃）は無級の塾生が担当とする。ここにも，職任と成績との対応の原則を窺うことができると言えよう[22]。

　そのような成績と職任の対応を示す典型が都講である。塾生を統率する都講に，成績の最上位者を宛てることには，等級の示す成績だけが選抜の尺度であったのだろうか。そのことは，『癸卯改正規約』と同時に出されたと考えられる『告諭』に窺うことができる。善友を選ぶ基準について述べている箇所で，一つが月旦評の等級であるとし，「我塾には席序あり。月々に其勤惰を考へて，黜陟を加へる故に，勤惰之分，誰もしるへし。」と述べている。また，今一つが規約であるとし，「又規約之条目あり。条目を守るものは，君子なり。人知らすとて条目を犯すものは，小人なり。」と記している。学問で月旦評の等級で最上位に昇ることは，そのための努力をしていること，生活面では規約を守ることが伴っている結果なので，成績はその反映されたものであると考えられていたのではなかろうか。

　次に，成績だけでは選任できない職務のあったことを考える必要がある。先の「かならずしも席序に不拘事。」に関連する問題である。そのような職任の一つに主簿がある。「分職差等」では上級生の職任に配当されているが，先の『告諭』の引用部分「塾生之為，関係甚重候。」は，続いて「且上席たりとも，一概には難命に付，」とも述べている。『南柯一夢』にも，「主簿，経営監，新来監ハ，其器ヲ撰ヒ任ス。」とある。この辺を窺わせるのが，日記の文政11・12年の部分である。淡窓の日記は僅かにこの両年の一部に，月旦評の等級と職任が併記されている。それを見ると，複数の塾生の内，一人が主簿として上級生から，補佐と考えられる権主簿として下級生をも含めた塾生から任命されている[23]。主簿は塾生の金銭を管理するのみならず，咸宜園の財政にも関与していたと考えられる重要な職務であり，また，職務上塾生の中でも特殊な能力を必要とする職務でもあったと考えられる。したがって，複数の担当者の中で，責任者には成績上位者の中から適任者を，補佐には下級生をも含めて広く適切な人材を充てたのではないだろうか[24]。

経営監と新来監も「其器ヲ撰ヒ任ス。」とあり，この内，新入生の指導監督をした新来監は先に引用したように「其任に当るへき人柄も無之」とあるように，兼任ではあるが人柄が選抜基準の要因になっていたことがわかる。同様に常侍史（『南柯一夢』では定侍史）も「定侍史ハ中下等ノ生，篤実温厚ノモノヲ撰ヒ任ス。諸役ハ免ス。」（『南柯一夢』）とあるから，人柄が基準の要因になっていたことを窺わせる。淡窓のいわば常設秘書であるから，それが考慮されたのであろう。前述のように，淡窓の日記の特に後半生の部分には常侍史が頻出する。前掲（注13）の春甫に着目してみよう。春甫こと秦春浦は兄の秦敬止と共に，天保13年7月25日に入門している[25]。従兄の秦玄理が文政3年に入門しており，父の秦道啄も淡窓と交流があった[26]。淡窓の日記を追っていくと，春浦は翌14年2月1日に初めて常侍史を顕蔵と共に命じられている。その後，病気や帰郷などで職務に就けない場合を除いて，翌弘化元年（1844）の10月まで常侍史を務めている。その後は蔵書監・舎長などを務めて，嘉永元年（1848）2月に咸宜園を去っている。前掲の記事のように，長く常侍史を務め成績も九級まで昇った様子を日記から知ることができる。常侍史は基本的には2名（時には3名）だったようで，春浦と共に務めた塾生や交代した塾生で氏名を確認できる塾生を挙げてみよう。春浦と同じ時に常侍史になった顕蔵は『入門簿』（『入門簿続編』巻6）には原春囿とあり，天保12年閏正月3日に淡窓の知人であった父の原快安（『入門簿』では紹介者にもなっている）に伴われて入門している。春囿は顕蔵と改称し，天保14年は春浦と共に長く常侍史を務め，その後，九級に昇り都講となり，弘化4年3月5日に去っている[27]。また淡窓の日記に，弘化元年4月15日に常侍史になったと出てくる人物に杉全謙初という塾生がいる。天保14年8月3日に入塾し弘化2年4月晦日に去っているから，およそ1年半の在塾であったが，常侍史は弘化元年の歳末まで務めていたことを確認できる。また，日記では月旦評も六級上まで昇ったことが確認できるし，その父が知人であることもわかる（『懐旧楼筆記』天保14年の項に「謙初ハ健甫カ子ナリ。」とある。健甫は未詳）。以上，僅かな例示であるが，この3名を見ると入塾から半年程を経て常侍史に任じられている点で共通する。入塾から半年の間に咸宜園にも慣れ，また淡窓の側でもその資質を観察し

ていたことを推測させる。

　淡窓が塾生の性格や資質を観察する機会には，教科教育への取り組み方，職任として与えられた職務の勤務態度，淡窓との散歩や塾生全員参加の遠足など，さまざまな機会があったと思われる。また，先に挙げた夕食後に開かれた夜話会も，そのような機会の一つであったと考えられる。淡窓はあらゆる機会を通じて，塾生の性格などを観察して，主簿や常侍史といったその方面の資質を必要とする職任の適任者を考慮していたのではないだろうか。

　なお，規約に記される職任は，正当な理由がなく職務を放棄する場合には罰則があり，免役銭を出す仕組みにもなっていた。このことは，『癸卯改正規約』にも，「病気等に而，一切之職分相断，自己の稽古は相止め不申ものは，免役銭差出可申事。」と規定されている。職任を敬遠する風潮も塾内には次第に増大していった点もあったようである。そのことは，『癸卯改正規約』と共に出されたと考えられる『告諭』の「職任告諭」に，辞退しないで務めることを力説しているところにも窺うことができる[28]。職務を避けるものに，罰として免役銭を課すという方法にも，規約により規制する考え方が示されている。

5．おわりに

　広瀬淡窓の創設した私塾咸宜園の教育について，月旦評に代表される成績評価に比して，従属的に扱われてきた傾きのある塾生全員に職務を与える職任制に焦点を当てて考察した。

　はじめに，淡窓の著述から学校の経営に関する発言を取り上げて，その教育観を検討した。その観点から，弟の広瀬旭荘に伝えた『謙吉へ申聞候事』に注目した。同書は率直に淡窓の見解が表明されており，咸宜園の経営が唯一の生計の道であり，そのために臨機応変な工夫を重ねていることを述べている。その具体的な対策としては，規約を設けて塾生を規制すること，自身は教授の根幹を押えながら，多くは塾生に任せる教育方法を採っていること，塾生にはそれぞれの性格も志学の目的も異なることに留意して教育すること，などが述べられている。これらはそのまま，咸宜園の教育制度に反映しているものと見受

けられる。次に経世論を述べた『迂言』「学制」篇に注目した。同書では，学生の講義の仕方や実際に書いた文章から，その人物の見識や才智を知ることができるという発言を取り上げた。この点は，いまだ実証することはできないが，咸宜園の教育においても留意した点ではないかと推量している。

　その教育観を踏まえた上で，咸宜園の職任制の実際を検討した。残念ながら，淡窓時代のそれを知る史料が少ないという制約はあるが，傍証となる史料をも加えて可能な限り考証した。その結果，職任制の経緯，具体的な職任の名前と役割を明らかにした。それを受けて，職任制の持つ意義を考察した。各職任は，基本的には成績の結果である月旦評の等級に対応していたことを述べ，その典型である都講を取り上げてみた。塾生の統括をする都講は成績が優秀で月旦評の最上位者から選任される訳だが，成績が良いということだけを条件にするのではなく，昇級するための努力を持続し，規約も陰日なたなく守る人間である，という要素も併せ持つ，と淡窓は認識していたのではないかと考えた。次に，月旦評の等級を基本としながらも，職務の特殊性や人柄という要素を加味して選抜する職任もあり，その例として会計担当者の主簿や常設秘書の常侍史を取り上げた。それらの職任を選抜するために，淡窓はあらゆる機会を通じて塾生の資質や適性を観察していたのではないかと述べた。従来，咸宜園は成績偏重であり，塾生の個性を考慮しない教育制度であった，と主張されることが多い。筆者は，教科教育にも寮生活にも縦横に張り巡らされた職任制を見れば，咸宜園にはそれぞれの塾生の適性を活かし，塾生にその職務を理解し精通することを期待し，その意義を教育する側面も持っていたと評価することができると考えている。

注
1 ：亀井南冥は，福岡藩に２つあった藩校の内，西学問所（甘棠館と称する）の祭酒であったが，寛政４年（1792）に突然廃黜され，淡窓の入塾した同９年は塾居の身であった（淡窓は11年に帰郷）。したがって，直接の師は昭陽であったが，南冥からも多大な影響を受けていたと考えられるので，亀井父子に従学と記した。
2 ：研究史については，田中加代『広瀬淡窓の研究』（ぺりかん社，1993年）参照。ま

た，筆者もかつて研究史を整理したことがある（拙稿「広瀬淡窓研究史試論」〈『国学院雑誌』86-5，1985年5月〉）。筆者や田中氏が整理した後も続々と研究論著が出ており，最近では海原徹氏が『広瀬淡窓と咸宜園―ことごとく皆宜し―』（ミネルヴァ書房，2008年）を刊行されている。

3：増補淡窓全集（思文閣，1971年復刻）中巻所収。謙吉は旭荘の通称。

4：増補淡窓全集中巻所収のものには句読点がないが，読解の便宜上，句読点を付けた。以下同じ。

5：この経緯は，淡窓の自叙伝である『懐旧楼筆記』（増補淡窓全集上巻所収）の文化元年（1804）の項に詳しい。

6：同様な主張は，夕食後に開かれた夜話会での門人との問答の記録と思われる『夜雨寮筆記』（増補淡窓全集上巻所収）巻2にも見えている。なお，この変事については，『懐旧楼筆記』の文政7年（1824）の項で説明されている。

7：『懐旧楼筆記』寛政9年の項に「南溟先生ノ時ハ，塾ノ規約頗ル厳ナリシカ，昭陽先生ニ至リテハ，絶エテ規約ノ事ナシ。唯青楼ヲ遊フ事而已，人皆其禁ヲ知レリ。」と見えている。なお，増補淡窓全集上巻所収書は全て句点であるが，読解の便宜上，一部句点を読点に改めた。

8：「時処位」の考え方は，淡窓の著述に散見される。例えば，『夜雨寮筆記』巻3では「湯武革命ノ如キ是ナリ。我邦万古一姓ヲ義トスルモノ，必ス湯武ヲ以テ乱賊トスルニ至ル。予ハ則彼邦ニ在リテハ革命ヲ是トシ，此邦ニ於テハ不易ヲ是トス。」（句点を一部読点に改めた）と述べ，湯武革命を論じて，中国では是認されるが日本では非とされると論じている。

9：増補淡窓全集中巻所収。同全集中巻所収書は全て句点であるが，読解の便宜上，一部句点を読点に改めた。

10：『教聖広瀬淡窓の研究　増補訂正版』（第一出版協会，1937年）所収。『塾則』には，「本塾則ハ貞文ノ筆書セルモノニテ明治十八年同人咸宜園再興時ニ其塾則トシテ調査セルモノ，如シ（昭和二年三月査）」とあり，また「一，毎月一ノ日及ヒ紀元節天長節神武天皇祭日ヲ休日ト定ム」とあるので，明治時代に入ってからの規約であることがわかる。

11：武谷祐之は天保7年から14年まで在塾，その後，緒方洪庵に学んだ。『南柯一夢』は抄録が，増補淡窓全集中巻に収録されている。同全集中巻所収書は全て句点であるが，読解の便宜上，一部句点を読点に改めた。

12：淡窓の日記は文化10年8月23日から開始される。なお，淡窓の日記は増補淡窓全集の中巻と下巻に分載されているが，以下，日記の引用はその書名と巻数のみを掲げる。

13：事例を挙げると嘉永元年2月25日条に「春甫辞去。〈自初来至此七年。在塾蓋不満五年。専任常侍史。位次至二権九級下。才子也。〉」（『再修録』巻1，〈　〉内は割注，以下同じ）とある。この塾生については後に考証する。

14：中島市三郎『教聖広瀬淡窓の研究　増補訂正版』所収。この規約については，淡窓の日記の天保12年3月5日条に「頒新令於塾。〈一為職掌規約。二為職掌告論。三為改

正規約。以範次将大帰。故務更張也。〉」(『進修録』巻1)と出てくる。

15：この2つの規約は同様の内容の部分に加えて，後者の『癸卯改正規約』には追加された内容がある。この規約については，淡窓の日記の天保14年11月27日条に「掲示改正規約。」(『進修録』巻6)と出てくる。同全集中巻所収書は全て句点であるが，読解の便宜上，一部句点を読点に改めた。

16：増補淡窓全集中巻所収。この規約のことについては，管見では淡窓の日記に関連記事が見当たらない。

17：職任制に全く触れていない研究としては，古川哲史『広瀬淡窓』(思文閣，1972年)，工藤豊彦『広瀬淡窓・広瀬旭荘』(叢書・日本の思想家35，明徳出版社，1978年，同書では前掲の規約類が史料紹介されているが，本文中では言及されていない)などがある。

18：『私塾—近代日本を招いたプライベート・アカデミー—』(サイマル出版会，1982年)。

19：『広瀬淡窓』(吉川弘文館，1987年)。

20：前掲『広瀬淡窓の研究』。

21：前掲『広瀬淡窓と咸宜園—ことごとく皆宜し—』。海原氏には『近世私塾の研究』(思文閣出版，1983年)があり同書では咸宜園が扱われているが，職任制には触れられていない。

22：文政11年10月14日条「是日作分職差等。塾長。副監。諸塾監。諸会頭。主簿。書記。諸職準之六級五級四級。侍者直日。準之三級二級一級。掃人準之無級。其詳掲諸東塾。故不録。」(『欽斎日暦』巻2)。

23：淡窓の日記から主簿に関する関連部分を掲げると次のようになる(〈 〉内は割注の部分，[ ]内は筆者の補記)。
　　　文政11年10月26日条　文安〈権副監小会頭主簿〉[準五級上と考えられる。「準五級上蘭渓」に続けて記録されている。]　仙菴〈権主簿〉[三級下]
　　　同年11月25日条　準五級中平蔵〈権副監小会頭主簿〉　仙菴〈権主簿〉　俊助〈権主簿〉[10月26日条の月旦評では二級下]
　　　同年12月21日条　準五級中平蔵〈権副監準中会頭主簿〉　準四級下貢〈権主簿〉　教海〈権主簿〉[11月25日条の月旦評では入席]
　　　文政12年正月26日条　平蔵〈副監中会頭主簿〉[五級下]　貢〈権主簿〉　教海〈権主簿〉
　　　同年2月26日条　準五級上文安〈副監中会頭主簿〉　貢〈権主簿〉[三級上]　俊助〈権主簿〉[正月26日条の月旦評では二級上]
　　　同年3月26日条　文安〈副監準中会頭主簿〉　貢〈権主簿〉　俊助〈権主簿〉[三級下]
　　　同年6月28日条　主簿　貢[四級下]　尚友[3月26日条の月旦評では一級下]
　　　同年7月26日条　主簿　貢　尚友
この内，文政12年正月26日条の月旦評の等級と職任は，海原氏が前掲『広瀬淡窓と咸宜園—ことごとく皆宜し—』において取り上げている。なお，文政12年4月5月は田

代に出かけていたこともあってか，月旦評には職任は併記されていない。

24：主簿と咸宜園の財政との関連は，井上義巳氏が前掲『広瀬淡窓』において先駆的に考察され，海原氏も前掲『広瀬淡窓と咸宜園—ことごとく皆宜し—』の中で，咸宜園の学費との関連で言及されている。筆者もこの問題に関心を持っており，後日，稿を改めて論じたいと思う。

25：『入門簿』（『入門簿続編』巻8〈増補淡窓全集下巻所収〉）には「秦春浦」とあり，『三奪主義の咸宜園・広瀬淡窓入門簿　略伝集　宜園百家詩』（第4版，CD-R，日野兄弟会，2009年）により，同書の原本も同様に自署されていることが確認できる。

26：秦玄理の入門は文政3年9月10日で（『入門簿』巻12），春浦の入門直後の天保13年9月に淡窓は大村に赴く際に，母の郷里である吉井に立ち寄り秦玄理と秦道啄をも訪ねている。

27：改称のことは『懐旧楼筆記』の天保12年の項に見え，日記の弘化4年3月5日条には「顕蔵去。大帰也。〈留学七年。至二権九級下。与三郎。栄鼎立。其才品可知。〉」（『進修録』巻13）とある。

28：「公辺役筋と違ひ，役料も無之，只々労役耳に付，迷惑之段は，致推察候得共，……無辞退被引受度候。」「畢竟の処，職任は，皆師家江忠節の為と相心得，勉強有之度事。」などとある。

第 **2** 章

近世私塾の蔵書閲覧規定試考
―蜚英館と気吹舎を事例として―

1．はじめに

　かつて小川徹氏は，「通史としてのこの国の図書館史を通覧して，前近代と近代とが竹に木を継いだようである上に，前者から後者への転換が歴史的に考察されないままであることに思いをいたされる方は少なくないのではあるまいか」と指摘された[1]。実に首肯できる意見であるが，この指摘から10年余りを経た今日，史料の博捜が行われ，徐々に分析も進められている課題であるともいえよう。例えば近世の文庫に関しても，小野則秋氏の『日本文庫史研究』下巻の成果を承けつつ[2]，自治体史編纂に伴う史料調査により，同書に指摘されない文庫の存在が明らかにされている（後述）。

　しかし，私塾について見てみると，その文庫の状況や塾生に対する閲覧規定の存在などが，いまだにあまり考察されていないように思われる。そこで，本稿では亀井南冥の蜚英館と平田篤胤の開いた気吹舎を事例として，私塾の蔵書閲覧規定の一端を眺めてみることとしたい。

2．図書館史の文献における近世の記述

　これまで近世の文庫に関しては，宮廷文庫や公家文庫，紅葉山文庫や昌平黌，諸藩の藩校，神社や寺院の文庫，あるいは個人の蔵書家の文庫などが紹介されてきた。

　それらの文庫については，小野則秋氏の『日本図書館史研究』[3]，前掲『日本文庫史研究』下巻以降，紹介説明する文献も僅少ではない。司書講習の科目

である「図書及び図書館史」のテキストとして編集されたものをも含めると，少しずつ増えてきているといえよう。

ここ十年程を眺めても，岡村敬二『江戸の蔵書家たち』[4]，小川徹・山口源治郎『図書館史―近代日本篇―』[5]，藤野幸雄『図書館史・総説』[6]，寺田光孝『図書及び図書館史』[7]，小川徹・奥泉和久・小黒浩司『公共図書館サービス・運動の歴史―そのルーツから戦後にかけて―』1[8]，岩猿敏生『日本図書館史概説』[9] などが挙げられる。

ここでは，『公共図書館サービス・運動の歴史―そのルーツから戦後にかけて―』1の1部2章「近世社会と地域の図書館」（小川徹執筆）の記述から，前掲小野則秋氏の文献に取り上げられていない事例を見てみよう。一つは筑前国志摩郡の桜井神社において，神職とその子弟のために開設した桜井文庫が紹介されている（『福岡県史』通史編に拠る）。今一つは，陸奥国二戸郡の呑香稲荷神社である。その境内に稲荷文庫が設けられ，「その蔵書は数千冊に及び，利用者は会輔社に学ぶ若者が中心であったが，文庫の評判が高まるにつれて，盛岡藩内各地から利用する人たちがきて，要望に応えて貸出もしていたと伝えられている」（会輔社は「平田学派の影響下にあった人たちが中心となって」作った結社だという）と述べられている（『二戸市史』に拠る）。

また，『公共図書館サービス・運動の歴史』1をはじめ前掲の文献に触れられていない事例を挙げると，西本願寺の写字台文庫が挙げられる。この文庫については，平春生氏が明らかにされた[10]。第20世門主広如が，弘化3年（1846）に家臣の島田正辰をはじめ，西本願寺の家臣・常連等を教育していた私塾であった仕学館の教授大喜多左司馬らに，歴代門主の蔵書整理を行うことを命じ，安政3年（1856）に完成させた文庫である。平氏は新出の『釐正写字台文庫目録定則』（安政7年＝万延元年〈1860〉書写本）をA本，龍谷大学大宮図書館に架蔵される『写字台文庫目録定則凡例』（慶応3年〈1867〉書写本）をB本とされて，この二種の目録規則を比較して紹介された。この2つには先後関係はないものの，内容は同様であるとのことである。ただし，「凡例」には相違のあることを指摘されて，「A本が蔵書の分類及び目録に関する規定を主に記録」しているのに対して，B本は「全条帯出及び曝書に関する規則を具体

例を挙げて記載」しているとその相違を説明されている。平氏がB本とされている『写字台文庫目録定則凡例』の内容を一部掲げてみよう。はじめに曝書について規定した後、貸出について細かく定めている。貸出を希望する者は願書を提出して、その希望する書物が現存していて許可を受けた場合には、次のように貸出を行うと記されている。

　　　拝借被仰付候者、大部之分ハ一帙を限り、若帙無之候者、弐拾冊以内之巻
　　　数ニ而者一時ニ拝借為致、若大部ニて五拾冊百冊ニも及候者三四度ニ拝借
　　　為致、所詮二十巻前後之外ニ不可出、（読解の便宜上、読点を付した）

貸出期間は二ヶ月までとし、延長して利用したい場合は、一度返却して改めて願書を提出して許可を受けることなどが定められている。

　西本願寺の学校であった龍谷学寮や東本願寺の高倉学寮については前掲の図書館史に関する文献で紹介されてきたが、この写字台文庫については取り上げられてこなかった。

　また、京都に設けられた公家の子弟のための学校であった学習所（嘉永2年〈1849〉に学習院と改称）にも、閲覧規定のあったことは、天保13年（1842）に出されたという『学習所令条』の中の「学習所条目」から窺うことができる。そこには「凡院内書籍不論堂上地下被許於院内読閲之事」とある[11]。このことも、従来の図書館史の文献には、取り上げられていないように思われる。

3．亀井南冥の蜚英館の蔵書閲覧規定

　次に、私塾の蔵書閲覧規定の一端を眺めることとするが、一口に私塾といってもその数は極めて多く、『日本教育史資料』（全9冊、文部省編、1890〜1892年）所収の「私塾寺子屋表」（明治になって各府県から提出された資料により作成）に限定しても、近世の私塾は千校を超える。また、教授内容や学校の規模も多様であり、それを定義することは難しい。しかし、ここでは海原徹氏の定義を見ておこう。海原氏は私塾を三期に区分されて、近世初期の私塾は「官・公立学校の代替物」、官・公立学校が整備されてくる時期に入ると、「その周辺や空白を埋める役割を果たす」私塾、幕末期における「既成の学校体制

に対抗する，いわば反対物に傾斜する」私塾の三つの型に分類されている。そ
れらを踏まえて，「幕藩権力のコントロールを必ずしもうけず，それから一定
ていど自由であった」と私塾を定義されている[12]。海原氏の分類に従えば，二
つ目の型に該当する亀井南冥の蜚英館と平田篤胤により創設された気吹舎の蔵
書閲覧規定を見てみることにしたい。

　亀井南冥は寛保3年（1743）に福岡の姪浜に，医師であった聴因の長子とし
て生まれた[13]。諱は魯，字は道載，通称は主水，南冥はその号である。宝暦6
年（1756），14歳の時に肥前蓮池の大潮に就いて詩文を学んだ。大潮は荻生徂
徠と親交があり，詩人として服部南郭と並称されていた僧侶であった。同12年
の20歳の時，古医方家の永富独嘯庵に師事して大坂に赴いた。翌13年に帰国。
その翌年の明和元年（1764）に聴因は姪浜から唐人町に転居，医業のかたわら
起こした私塾が蜚英館であった。南冥は安永7年（1778）に異例の抜擢を受け
て，町医から士分に取り立てられ，福岡藩儒医として十五人扶持，藩主黒田治
之の侍講となっている。天明3年（1783）には百五十俵取りとなった。さらに
翌4年に福岡藩藩校として東学問所（後に修猷館と称される）と共に創設され
た西学問所（甘棠館と称する）の祭酒となった。しかし，寛政4年（1792）に
突然廃黜され蟄居の身となった。この後，西学問所の祭酒には門人の江上苓洲
が就任して，長子の亀井昭陽（安永2年〈1773〉～天保7年〈1836〉）が家督
を相続，昭陽は西学訓導として十五人扶持を給された。

　しかし，寛政10年に類焼により西学問所や蜚英館をはじめ，亀井家のすべて
の建造物が灰燼に帰した。その後，西学問所の再建は認められずに廃校とな
り，教員は平士となり，昭陽も同様であった。また，学生は東学問所に編入さ
れた。再建した住宅も同12年に再び焼失，さらに，文化11年（1814），原因不
明の出火のため南冥は焼死，72歳の生涯を閉じている。

　今述べた南冥の蟄居，西学問所の焼失とその廃校，南冥の死去という亀井家
に不運が襲った時期に重なるように，昭陽に入門したのが咸宜園の経営で知ら
れる広瀬淡窓（天明2年〈1782〉～安政3年〈1856〉）であった。淡窓の就学
は寛政9年（1797）の16歳から同11年までの期間であったが，在塾中も幾度と
なく帰省しているので，実質的には2年余りという期間であった。

30 | 第Ⅰ部　江戸の書院・咸宜園

　入塾時の様子を淡窓は具さに語っているが，蜚英館については次のように述べている[14]。

　　亀井ノ居宅極メテ広シ。書塾数所アリ。崇文館，千秋館，潜竜舎，幽蘭舎，虚白亭，九華堂等ノ号アリ。往時盛ナリシ時ハ，六十余ノ生徒有リテ，諸塾ニ満チシ由。予カ行キシ時ハ，塾生十人ニスギズ。諸塾多ク空虚ナリシナリ。

また，亀井家が火災で焼失した時には，淡窓は帰省をしており，知らせを聞いて駆けつけた際のことを，「先生父子，正ニ瓦礫場中ニ於テ，席ヲ敷キ，朋友門生ト共ニ，痛飲シテアリシナリ」（前掲『懐旧楼筆記』巻7）と記している。その後，亀井父子は姪浜に移るが，文化11年には南冥死去の報に接して，淡窓は師家に赴いている。南冥の死については，

　　火ノオコリシ所以，知リカタシ。自ラ火ヲ放タレシヤ，自然ニ起リシヤ，自ラ火ニ投セラレシヤ，将タ出テントシテ，及ハサリシヤ，其説得難シ。其宅ハ四面皆空地ニシテ，火ニトリコメラルヘキ様ナシ。然レハ，自ラナセルニ近シト，人云ヘリ。

と述べている[15]。

　このように明和元年に父聴因と共に創設した蜚英館は，寛政4年の南冥の蟄居により[16]，事実上の終止符を打ったが，この私塾には『蜚英館学規』という規約があった。管見では図書館史の文献に今まで取り上げられてこなかったが，蔵書閲覧規定の存在が注目される。『蜚英館学規』は塾の作られた明和元年に成ったもののようであるが[17]，20年後の天明4年の西学問所落成に際して作られた『甘棠館学規』[18]とほぼ同様の内容である。この二つの規約を比較すると，『蜚英館学規』冒頭には学問とは何か，次いで舎長の心構えが説かれているのに対して，『甘棠館学規』冒頭では「教授官」（一人）「訓導師」（三人）「句読師」（五人）の役割が記されている。以下，十二課目の説明からは，ほぼ同じ内容になっている。

　その中に蔵書閲覧に関する規定が見えている。それらを並べてみよう。

　　一蔵書。有掌書生。掌其出入。若有乞覧者。掌書請之教授。得命借之。雖舎長不得犯之。已卒業返上。掌書又請教授命収之。不許遅留踰月。亦不許

携去出門。(『蜚英館学規』)[19]

(一，蔵書には掌書生有りて，其の出入を掌る。若し覧を乞ふ者有れば，掌書之れを教授に請ひ，命を得て之れを借る。舎長と雖も之れを犯すを得ず。已に業を卒ふれば返上す。掌書，又教授の命を請ひ之れを収む。遅留して月を踰ゆるを許さず。亦携去して門を出づるを許さず。)

一蔵書有掌書生。掌其出納。若有乞覧者。稟于教授借之。訓導不得犯之。已卒業返上。亦稟而収之。不許遅延踰月。携去出門。(『甘棠館学規』)[20]

掌書生という司書に当る学生がいること，閲覧を希望する場合には掌書生から教授の許可を得ること，これは舎長(西学問所の場合は訓導)といえども例外ではないこと，貸出は翌月に渡らないこと，館外への持ち出しは禁止であることなどが規定されている。

このような蜚英館における掌書生という役割は，広瀬淡窓の咸宜園に蔵書監という役割のあったことから，その影響関係が見てとれる[21]。それでは，亀井南冥がこのような閲覧規定を作るに当たり，参考にしたものは考えられないであろうか。これについては，未だ憶測の域を出ないが，宝暦5年に創設された熊本藩藩校の時習館が想起される。南冥は宝暦11・同12・安永6年と三回に渡って熊本を訪れ，周知のように細川重賢の治世を称えた『肥後物語』を天明元年に著している[22]。

『肥後物語』では，藩校時習館について，次のように触れている。

　　肥後学校の起り，秋山儀右衛門取立しときは，時習館とて至て小き事なりしが，追々立広め，儀右衛門歿後は藪茂次郎学頭として愈益仕組を立て，只今にては文学武芸算術天文手習仕付方まで皆々学校にて仕立ゆへ，一家中の人学校にて稽古せざる者は一人もなし。

秋山玉山が取り立てられて時習館が始まり，徐々に規模が拡大して，藪孤山の代になってさらに発展したことが記されている。同書には附録として時習館の構内の図や，「総教」「教授」「訓導」などの学校の役人の一覧が記されている。

『肥後物語』には蔵書閲覧のことは見えていないが，時習館にそれがあったことは，『時習館学規』『時習館学規科条大意』『時習館規条』などから窺うことができる[23]。宝暦6年に，秋山玉山によって出された『時習館学規科条大

意』の一部を掲出してみよう[24]。

　　供書簿〈蔵書ニハ時習館蔵書印記ト云フ印ヲ押スヘシ〉コレ拝借ノ書ヲ記
　　スル帳面ナリソノ出納開閉ヲ慎ンテ紙葉牙籤ヲ毀損スルコトヲ許サス

　また，時習館創設の翌宝暦6年に造られた近世の医学校の嚆矢である再春館
には，更に詳しい規定があった。翌7年に同校教授村井見朴が出した『再春館
会約』から掲げてみよう[25]。

　　書籍有司蔵生給焉，管籥者，先生収之，若有乞覧者，則司蔵生先謁先生之
　　所，而皆置簿録乞覧者姓名及月日，乞管籥而後許之，諸生還上亦如此，置
　　司蔵簿

宝暦8年制定の『再春館医学規』には，さらに詳しい規定が記されている[26]。

　　蔵書監
　　凡掌霊蘭閣図書出納，巻冊之数，篋簀之員，曬書印記，諸生看読，補綴損
　　毀，清浄汚穢，常戒図書不出館外及諸生各寮，勿宿図書，若宿，則教授先
　　生必聴

　　司蔵
　　凡館内図書皆掌之，書有聖言賢教存焉，有先公遺愛之巻，敬出恭納，勿敢
　　非礼，若諸生乞観，則各々姓名，及月日，詳記司蔵簿，巻策若干，亦如
　　之，若乞観，先公遺愛之巻，別置之槐舎，必告先生之所，而後許之，凡篋
　　簀套帙，須端正斎整，勿敢損汚散乱，

ここでは，書庫である霊蘭閣の図書出納を担当する蔵書監と，再春館全般の図
書を担当する司蔵（『再春館会約』の司蔵生を承けているものであろう）とい
う二つの図書担当者のことが記されている[27]。また，亀井昭陽の弟亀井大年
は，再春館の創設に関わった村井見朴の子，村井琴山に師事して医学を学ぶと
いう関係もある。

　これらのことから，『蜚英館学規』『甘棠館学規』の蔵書閲覧規定に，時習
館・再春館の閲覧規定が参考に供されたと憶測することも，あながち荒唐無稽
とはいえないのではないだろうか。

4．気吹舎の蔵書閲覧規定

　次に気吹舎を見てみることとしよう。贅言するまでもなく平田篤胤やその門流については，膨大な研究の蓄積がある。近年の出版に関する研究に限定しても，遠藤潤「国学者と読書行為に関する一試論—相馬高玉家宛平田銕胤書簡にみる書籍の出版・流通—」[28]，吉田麻子「気吹舎の著述出版—新出『気吹舎日記』を中心に—」[29]，松本久史「『気吹舎蔵板』版行に関する基礎的研究—『伊吹廼屋先生及門人著述刻成之書目』各種の紹介と考察—」[30]などが現れている。

　それでは本稿の考察対象である文庫の運営という角度では，どのような分析が加えられてきているのであろうか。前述の図書館史に関する文献では，小野則秋氏の『日本文庫史研究』下巻「近世における文庫」第5章「江戸期における国学者の図書館運動—特に古学派を中心として，その人と業績について—」の中で扱われている。そこでは，篤胤や気吹舎のことよりも，文政10年（1827）に篤胤の門に学んだ羽田野敬雄が三河国の羽田八幡宮に開いた文庫で，閲覧や貸出が認められていたことが専ら説明されている[31]。また，『日本文庫史研究』下巻では荒木田久守門下として紹介されている竹川竹斎の射和文庫が，落合重信氏『近世国学者による図書館設立運動—図書館関係論文集—』では，篤胤門下の佐藤信淵を接点として紹介されている[32]。また，前述のように，『公共図書館サービス・運動の歴史—そのルーツから戦後にかけて—』 1において，陸奥国二戸郡の稲荷文庫が，「平田学派の影響下にあった人たちが中心となって」作った結社によって運営されていたことが紹介されている。

　このように，平田門流の文庫については言及されてきたものの，管見では気吹舎自体の図書閲覧規定は取り上げられてこなかったように思われる。その存在を伝える史料として，無窮会神習文庫に蔵される『気吹舎塾則演義』（写本1冊，16丁）がある[33]。これはすでに，新修平田篤胤全集別巻にこの写本を底本として翻刻されているが，14丁の表から裏に出てくる閲覧規定を掲出してみよう[34]。

　　　書籍借覧ハ壱会限りとす尤出納ともに塾［齋］籍預りの人に談ずべし但塾

外へ持出及び転借すべからざる事

　　〈出納トモニ。月日。書名。姓名ヲ。帳面ニ記スベシ。毎月二日ヲ書
　　籍取調ノ定日トス。其日ハ必一応返納アルベシ。若又当日在塾シガタ
　　キ時ハ。同局ノ引受タルベシ。〉

気吹舎にもまた塾の図書担当者が存在したこと，毎月定日に点検があるので，
それに合わせて返却すること，館外への持ち出しや又貸しは禁止すること，な
どの規定があったことを窺わせる。

　この史料には成立年の手がかりがなく，前掲の全集別巻にも，そのことは一
切触れられていない。周知のことではあるが，平田篤胤（安永5年〈1776〉～
天保14年〈1843〉）は文化元年（1804）に塾を開き，真菅乃屋と号したが，同
13年（1816）に「天之石笛」を得たことを契機に，自らの号を，また塾名も気
吹舎と改めている。また，この塾は養嗣子平田銕胤（寛政11年〈1799〉～明治
13年〈1880〉），その子平田延胤（文政11年〈1828〉～明治5年〈1872〉）と継
承されていく。何時頃のものなのだろうか。残念ながら未見であるが，このこ
とに手がかりを与える史料に，国立歴史民俗博物館に蔵される『家塾学則
稿』がある。この史料は『明治維新と平田国学』において，次のように説明さ
れている[35]。

　　明治初年「気吹舎塾則演義」の稿本。延胤の手によるもので，何度も改
　　正が加えられている。その過程で「御政体の議論すべからざる事」（御政
　　体においてたとえ意外な事があっても一向に遵奉することを皇国の道とす
　　る）という条文が，「普通の阿諛説」に聞こえるのではとの理由から削除
　　されている。

同書では，1丁表の冒頭部分が写真で掲載されている。それを神習文庫所収の
『気吹舎塾則演義』と比較すると，内題が『気吹舎塾則演義』は「塾則」，『家
塾学則　稿』では「塾則演義」とあって異なっている外は，「童蒙入学門は学
則たり各其旨を守り勉強あるべき事」という本文，次の五行の注記は全く同文
になっている。

　これらから，『気吹舎塾則演義』は『家塾学則　稿』の後を承けて，明治初
年に平田延胤の代に作成されたものと見てよいであろう。

5．おわりに

　近世後期に創設された私塾，亀井南冥の蜚英館，平田篤胤の気吹舎，と場所
も教育内容も異なる二つの私塾を取り上げた。この二つの塾には全く交渉がな
かったが，期せずして共に，塾生に対する塾の蔵書閲覧や貸出を認め，それを
定めた閲覧規定が存在したことを確認することができたと思う。このような規
定は，近世の学校において，いわば地下水脈ともいうべき形で広がっていたと
見てよいのではないだろうか。本稿では触れることがなかったが，多紀元孝に
より明和2年に創建された医学校の躋寿館（寛政3年に官立の医学館となる）
にも，学生に蔵書の閲覧を認めていたことは多紀元堅の『時還読我書続録』か
らも窺える[36]。そこには，「古今医書ヨリ経史子集ニ至ルマデコレヲ蔵蓄シ総
理コレヲ司リ生徒ノ借覧ニ備フ」と記されている。本稿では僅かな挙例に留
まったが，この躋寿館のような事例をさらに集積することによって，近世の学
校における蔵書閲覧の様子が更に明らかになっていくのではないだろうか。今
後の課題としたい。

注

1：「前近代における図書館史はどう描けるのか―方法としての『図書館文化史』私考
　―」（『図書館文化史研究』13〈1996年12月〉）。
2：改訂新版，臨川書店，1979年。『日本文庫史研究』上巻は1944年に刊行された。下巻
　は上巻から35年を経て刊行された。上巻刊行当時は，下巻を「明治以降の近代図書館
　の研究」とする予定であったが，この巻のほとんどを近世に当て，巻末に「近代日
　本における図書館法規の変遷とその背景についての考察」を加える構成に変更して
　いる。
3：補正版，玄文社，1981年，初版は1952年，蘭書房。
4：講談社選書メチエ，1996年。
5：新編図書館学教育資料集成7，教育史料出版会，1998年。
6：図書館・情報メディア双書1，勉誠出版，1999年。
7：新・図書館学シリーズ12，樹村房，1999年。
8：JLA図書館実践シリーズ4，日本図書館協会，2006年。

9：日外アソシエーツ，2007年。なお，ここでは近世の文庫について全般的に説明している文献を挙げたが，これらの文庫の内，禁裏文庫については近年研究が鋭意進められている。田島公「近世禁裏文庫の変遷と蔵書目録」（『禁裏・公家文庫研究』1〈思文閣出版，2003年〉所収）参照。

10：平春生「『鼇正写字台文庫目録定則』—写字台文庫研究資料—」（『龍谷大学論集』384〈1967年7月〉）。また，大木彰「松岡玄達自筆本と写字台文庫」（『龍谷史壇』124,2006年2月）参照。

11：『徳川禁令考』1（吉川弘文館，1931年）所収。

12：『近世私塾の研究』（思文閣出版，1993年再版，初版は1983年）。

13：亀井南冥については，高野江鼎湖『儒侠亀井南冥』（1913年），荒木見悟『亀井南冥・亀井昭陽』（叢書・日本の思想家27，明徳出版社，1988年），辻本雅史「天明・寛政期における徂徠学—亀井南冥の思想と教育—」「亀井南冥の学校論と福岡藩校」（『近世教育思想史の研究—日本における「公教育」思想の源流—』〈思文閣出版，1990年〉所収），町田三郎「亀井南冥・昭陽の生涯と学問」（『江戸の漢学者たち』〈研文出版，1998年〉）などがある。また，無窮会平沼文庫には，亀井昭陽の二男亀井暘洲の子であった亀井桓著『曾祖考并ニ祖考之履歴』（架蔵番号6090，写本，9丁）がある。その識語には，「明治十五年二月　劣孫桓謹誌」とある。

14：淡窓の自叙伝『懐旧楼筆記』巻7（増補淡窓全集上巻〈思文閣，1971年復刻版〉）。

15：前掲『懐旧楼筆記』巻15文化11年の項。

16：蟄居後の南冥は医学の弟子だけを見ており，淡窓は寛政9年の歳末を，自分と「南冥先生医事ノ弟子一両人」だけが亀井氏の許で過ごしたと記している（前掲『懐旧楼筆記』巻7）。

17：井上忠氏は「『蜚英館学規』『甘棠館学規』『学問稽古所御壁書第一条』解説」（亀井南冥昭陽全集1〈葦書房，1978年〉）において，明和元年に「成ったものと考えてよかろう」といわれている。

18：前掲注17に同じ。

19：前掲亀井南冥昭陽全集1に拠る。書き下し文を付けた。同書は九州大学中央図書館所蔵本を底本として翻字されている。

20：前掲注19に同じ。『蜚英館学規』とほぼ同文なので，書き下し文は割愛した。『日本教育史資料』3所収のものを底本として翻字されている。

21：「嘉永五年壬子改正塾約」（前掲増補淡窓全集中巻所収）に「一，我家ノ器具ハ。以塾長可借。書物類ハ蔵書監ヲ以テ可借」とあり，門人の武谷祐之は『南柯一夢』（井上忠「武谷祐之著『南柯一夢』」〈『九州大学九州文化史研究所紀要』10・11・14,1963年10月，1966年3月，1969年3月〉）で「蔵書監ハ亦舎長次席ヨリ任ス，蔵書ノ出納ヲ司ル，一人一部ヲ仮貸シ読了リテ他書ヲ仮貸シ，一時ニ数部ヲ仮サス。大部ノ書ハ五六冊宛仮貸ス」と述べている。なお，この問題については，拙稿「咸宜園の漢籍収集と塾生の閲覧」（『漢籍—整理と研究—』12〈2004年9月〉，本書第Ⅰ部第3章に収録）でいささか触れたことがある。

22：井上忠「『肥後物語』解説」（前掲亀井南冥昭陽全集 1 所収）参照。なお，『肥後物語』と同一内容の作品に『熊本俚談』があり，無窮会平沼文庫に一本が蔵されている（架蔵番号5434）。
23：何れも『日本教育史資料』3 に収められている。
24：〈 〉内は割注の部分。
25：前掲『日本教育史資料』3 所収。前掲小野則秋『日本文庫史研究』下にも収録されている。
26：山崎正薫『肥後医育史』（大和学芸図書，1976年復刻版，初版は1915年）所収。これも前掲小野則秋『日本文庫史研究』下に収録されている。
27：この二つについて，小野氏は『日本文庫史研究』下において，「文庫主任としての蔵書監は規律行事の下，すなわち現代でいう学生主事の次位にあり，文庫員としての司蔵は医書句読現代の助手にも等しいものの次に位いしていたのである」と説明されている。
28：『東京大学宗教学年報』19（2001年 3 月）。
29：『近世文芸』75（2002年 1 月）。
30：『神道古典研究所紀要』9（2003年 3 月）。
31：この文庫については，前掲『公共図書館サービス・運動の歴史―そのルーツから戦後にかけて―』1 でも取り上げられているように，今日広く知られるようになっている。田崎哲郎「在村知識人の成長」（日本の近世10『近代への胎動』〈辻達也編，中央公論社，1993年〉所収）参照。
32：神戸学術出版，1975年。射和文庫も広く知られてきているが，細井岳登氏に「射和文庫研究序説―幕末維新期文庫研究の視座―」（『図書館文化史研究』17〈2000年 9 月〉），「地域のなかの射和文庫」（『図書館文化史研究』19〈2002年 9 月〉）がある。
33：架蔵番号7600，26.6×19.5センチメートル，五針袋綴で製本されており，1 丁の表に「井上氏」「井上頼圀蔵」の朱印が捺されている。『補訂国書総目録』1（岩波書店，1989年補訂版発行）では，同書について神習文庫の一本だけの所在を伝えている。
34：名著出版，1981年。掲出した部分の内，［ ］内は右に付箋で記された部分，〈 〉内は注記の部分である。
35：2004年10月から12月にかけて開かれた特別展示の図録，2004年。
36：杏林叢書上（1971年復刻，思文閣，初版は1924年発行）。躋寿館については，森潤三郎『考証学論攷―江戸の古書と蔵書家の調査―』（日本書誌学大系 9，青裳堂書店，1979年）参照。

第3章

咸宜園の漢籍収集と塾生の閲覧

1. はじめに

　三千人を超える門人を輩出したといわれる咸宜園の盛名は，その創設者であった広瀬淡窓の存在と共に広く知られている。したがって，咸宜園や広瀬淡窓に関する研究は，これまでに汗牛充棟ともいうべき程の成果が蓄積されている[1]。しかしながら，従来の研究史を仔細に眺めてみると，著明な私塾でありながらも，咸宜園についてはいまだ解明されていない問題も少なからず残されていると見られる。

　その課題の1つに，蔵書の問題がある。咸宜園の蔵書は，淡窓や末弟旭荘らの個人蔵書と分離し難い面があるが，早くも大正5年（1916）の段階で，淡窓図書館設立に当たり[2]，広瀬家の宗家より蔵書の保管が同図書館に委託された際の目録である『咸宜園蔵書目録』が，昭和2年（1927）に上梓されている[3]。その後，広瀬家宗家の先代当主であった広瀬正雄氏の尽力により，昭和44年にその屋敷内に先賢文庫が造られたのを機に，同文庫には広瀬家ゆかりの書物が，淡窓図書館にはかつての塾の教科書など咸宜園関係の蔵書が収蔵されるという分離が図られた。また，文庫建設に当り，中村幸彦氏を中心として調査が行われ，両所の蔵書の目録がそれぞれガリ版刷りで刊行された[4]。それから四半世紀を経て，淡窓図書館に保管されていた書物が広瀬家に戻されたのを機に，井上敏幸氏を中心に再調査が行われ，中村・井上両氏の共編による『広瀬先賢文庫目録』が刊行されている[5]。

　このように述べてくると，目録が整備されその蔵書については論ずる余地が無いように見受けられる。しかし，淡窓や旭荘らは書物をどのように収集した

のか，また，それらの書物は咸宜園ではどのように扱われたのか，という問題などについては，これまであまり考察されてこなかったと思われるのである[6]。

　次に想起される課題は，塾生は咸宜園の蔵書をどのように利用したのかという蔵書閲覧の問題である。その点で，ドーア氏とカッセル氏の指摘は興味深い。ドーア氏は，次のように述べている[7]。

　　多くの学校には完備した図書館があった（もっとも林子平が寛容にも勧めたように「近来の小説物，并通俗物，軍談物」まで所蔵しているところは多くはなかったようである）。その規則は館内だけで読むべきもの，校内なら借出せるもの，家に持って帰れるものとに図書をこまかく分類していた。借りた本に対しては署名をすることになっていて，また定期的に在庫調べを行ったが，分類整理の制度はなかったようである。司書は蔵書について詳しい知識を要求されていたものと思われる。

これは藩校について論じたものではあるが，「完備した図書館があった」というのである。また，咸宜園については，カッセル氏がその著書の結論の中で，咸宜園の図書館では，その収集の対象は，朱子学を中心としながらも，広範囲であったという趣旨のことを述べている[8]。両氏の論は，藩校と咸宜園という違いこそあれ，江戸時代の教育機関を図書館という角度から捉えており，その発想には啓発される点がある。

　これまで述べてきたことから，本章ではまず，咸宜園の創始者広瀬淡窓は，書物その中でも漢籍をどのように収集したのかについて検討する[9]。次いで，塾生にはそれらを閲覧することは可能だったのか，また，そうであるならば，どのように利用したのかについて考察する。この二点についての考察は共に，その一端を垣間見るに止まるであろうが，若干の分析を試みることとしたい。

2．広瀬淡窓略伝

　本題に入る前に，咸宜園と関連させながら，広瀬淡窓の略伝を述べておこう[10]。広瀬淡窓は天明2年（1782）に，豊後国日田（現在の大分県日田市）の商家に長男として生まれた。生地の日田は，豊臣秀吉の時には，太閤蔵入地と

毛利高政の領地とから成っていたが、江戸時代に入り毛利高政の佐伯転封後は、初期に二度大名領となった外は、幕末まで幕府直轄領として代官支配の地であった[11]。歴代代官の中では、羽倉秘求が淡窓の青年時代に在任しており、その子であり生涯にわたって淡窓と親交を深めた羽倉簡堂も日田で少年時代を過している。また、プチャーチンとの応接で知られ、安政元年（1854）という淡窓の最晩年に対面した川路聖謨は、享和元年（1801）に代官所属吏の内藤歳由の子として、日田代官所宿舎にて誕生している[12]。

　さて、日田の商人は、かつて毛利氏の居城のあった城下町である隈町と、代官所の陣屋町である豆田町の2つの商人群に大別される[13]。それぞれに何軒もの豪商が生まれたが、淡窓の生家は豆田町の有力な商家の1つとして発展した。その家業は蠟油の製造や諸産物の上方への流通などで創業期に土台を築き、次第に代官との結びつきにより、掛屋として公儀預り銀を運用し、さらに諸藩の御用達を務めて財を成していった。豆田町の商人は代官との結びつきが強かったといわれ、淡窓の生家はそれが顕著な家であったとされる。したがって、その時の代官の意向に左右される面があるということにもなり、実際に後年の天保期（1830年代）の淡窓の50代には、咸宜園への代官塩谷正義の干渉に淡窓は苦慮しており、これはそのような生家の性格の反映とも見られる。

　本来であれば家業を継ぐ位置にあった淡窓だが、その業を次弟の久兵衛（号は南陔）に譲り学問の道に進むことになる。その背景には、伯父と父の存在と二人の淡窓への理解があったと考えられる。伯父の貞高は35歳の時に家督を淡窓の父である貞恒に譲り、その後は秋風菴と名付けた菴に妻と共に暮らし、俳諧と読書を専らにした。この貞高の許で、淡窓は2歳から6歳まで養育されている。また、父の貞恒も読書を好み、俳諧をも嗜んでいた人物である。この二人の理解と支援なくしては、淡窓の修学も考えられなかったことと思われる。

　その父から臨池読書の技を授けられた後、先述の松下筑陰らに就学した淡窓は、福岡の亀井南冥・亀井昭陽父子に学んだ。淡窓は寛政8年（1796）の15歳の時に福岡に赴き昭陽と面会して入門（この時は、南冥は酒の過失により蟄居中で面会できず）、同9年から11年まで病のために帰郷するまでの3年余、亀井氏の門で学んでいる。その間、何度となく帰省しているので、在学期間は実

質的には２年程の短期間であったが，亀井父子は淡窓に大きな影響を与えた終生の師であった。

　その生涯を病疾に苦しめられた淡窓であるが，これもまた病いのために修学を中途で断念して帰郷した後，前途に苦悩していたその折，偶々日田にあった肥後の医師倉重湊の忠言を受け，育英活動に専心することを決意した。そして，文化２年（1805，淡窓24歳）に近在の長福寺の学寮を借りてその活動を開始，場所を移して，塾名を成章舎，桂林園と漸次変えていく。さらに，文化14年には，かねてよりの素願をかなえ，伯父母の住む秋風菴の西隣に桂林園を移し，その後，塾舎を改築して塾名を著明な咸宜園と改めている。天保元年（1830）にはいったん，旭荘に塾の経営を譲るが，旭荘が堺から大坂に出て開塾したため，淡窓は再び咸宜園の経営に専心した。

　次に，咸宜園の教育について略述する。まず，「三奪法」という，入門時に身分・年齢・入塾前の学歴の３つを白紙に戻し，全ての塾生を同一線上から出発させた。これは『詩経』から採られたという塾名「咸宜」にも，その思いが込められているといえよう。入塾すると，定められた教育課程に則して，淡窓の講義を聞く外，素読・輪講・輪読・会読などが行われた。そして，一番の難関といわれたものに，奪席会とも称された会講という口頭試問があった。ここでは上席の塾生であっても，下座にある塾生の質問に答えられない場合には，文字通りその席を奪われた[14]。このような教科の習熟度や試験の結果を踏まえて，毎月，成績表として「月旦評」が発表され，学生に等級が付けられた。

　このような学力を鍛える教育課程と共に，夕食後に塾生を何人か集めて開催された夜話会も注目される[15]。この会では談論風発，師弟が相互に質疑応答を行った。実際，淡窓の著述には，この会の記録が基になっているものが少なくない。夜話会には，塾生の個性を観察した側面もあったと思われる。また，淡窓は詩作を重視し奨励もした。淡窓自身，その詩が高く評価されているが，門人に強制はしないと断りながらも，詩学や詩作の重要性を屢々説いている。

　その門に学んだ人はまさに多士済済，中島米華・長梅外・大村益次郎・岡研介・武谷祐之・小栗布岳・大楽源太郎・長三洲・楠本碩水・上野彦馬，など枚挙に遑がない[16]。高野長英もその門を訪ねたという[17]。

その後，晩年には大村や府内をそれぞれ藩主の招聘により来訪し，天保12年（1841，60歳）には，一時日田に帰省していた旭荘が大坂に帰るのを見送るついでに赤間関を遊覧している。したがって，遠遊をしてもほとんど九州の外に及ばず，生涯の過半を郷里で過した在野の学者であった。天保13年には多年にわたる教育の功により，永世苗字帯刀が許されている。かくて，安政3年（1856），病身のために健康に留意した結果ともいえようが，よく長寿を保ち75歳の生涯を閉じている。

3．旭荘の経路による漢籍収集

それでは，淡窓はどのようにして漢籍を収集したのだろうか。そこには，幾つかの経路が考えられるが，まず弟の旭荘による経路について考察してみよう。旭荘は先述のように，堺から大坂に出たが，今少しそれについて述べると[18]，30歳の天保7年4月に日田を離れ堺に出て開塾，同9年には大坂に出て，かの地で塾を開いたのである。旭荘は文久3年（1863年）に57歳で亡くなるが，その間，数年間江戸にあったり，各地を周遊したりしてはいるが，大半を大坂で過している。その旭荘からのさまざまな情報は，日田にあった淡窓にとって大きな価値を持っていたことは想像に難くない。その情報の1つとして，書籍に関するものがあったのである。

旭荘が精力的に書籍を収集していた様子は，「旭荘珍蔵」の印記のある収集書籍の書目を見ても一目瞭然であるが[19]，淡窓にも多数の書籍に関する情報が寄せられたことと思われる。ここには，旭荘からの漢籍の収受について，極めてわずかな事例ではあるが例示してみることとする。まず『夜譚随録』と『五種遺規』を取り上げる。（天保10年）8月10日付け淡窓宛て旭荘書簡に，次のように見える[20]。

　　一，塾蔵書之句読切ニ夜譚随録二帙差上候　代銀三拾匁価ハ少々高候へ共
　　　流行之本也　代銀ハ文紀ニ御渡し可被下候……
　　一，五種遺規一部　右ハ文紀本也　諸生ニ教候ニ極宜　私も少年ニ教込候
　　　文紀ニ持帰り候様相勧候　御意ニ叶候はゞ塾ニ一本求入可宜候

第3章　咸宜園の漢籍収集と塾生の閲覧 ｜　*43*

これは，天保10年4月に旭荘の妻子に同行して大坂に行った淡窓の妻の帰郷を
知らせる書簡の一節であり，書面の「文紀」とは，淡窓の妻に同行してきた近
藤文紀という人物である。ここからは，『夜譚随録』『五種遺規』を咸宜園蔵書
とすることを勧めていることが知られる。この二書は，前掲の『広瀬先賢文庫
目録』に著録されているので，掲出しておこう。

　　夜譚随録　小　12巻12冊（清）霽園主人　乾隆56年[21]

　　五種遺規　大　14巻10冊（清）陳宏謀編　天保4年　大阪河内屋茂兵衛[22]

また，『夜譚随録』については，前掲の武谷祐之『南柯一夢抄録』に次のよう
に見えている。

　　試業文書，唐本，句読ヲ点スル場ニ上ル。唯筆紙墨ヲ携ヘ，詩ハ含英ヲ携
　　フルノミ。句読ヲ点スルト書トハ，時間線香二本ヲ焚クヲ限トス。詩文ハ
　　三本ヲ焚ク。唐本ハ小説太平広記夜譚随録聊斎誌異妄々録子不語等ナリ。
　　二百字謄写シ，句読ヲ点ス。月ニ三回。

咸宜園では，句読切のテキストの1つに使用されていたということであり，旭
荘の助言を淡窓が受け入れていたということを示していよう。

　次に『全唐詩』と『龍威秘書』である。これらについては，（年未詳）2月
28日付け淡窓宛て旭荘書簡で次のように言及されている[23]。

　　一，私所持の全唐詩十二帙及龍威秘書十帙ハ世上無比の美本也　此節家の
　　費ニひさぎ申度塾の蔵書に御買被下候事叶間敷や　河茂口入を以て武部十
　　金買受申度と申候へ共　如是落丁なきハ再得難　他人ニ譲り候事甚相惜候

この二書は，次の（年未詳）4月13日付け淡窓宛て旭荘書簡でも触れられてい
る[24]。

　　一，孝也出精七級上進可仕由大悦候　全唐詩龍威秘書二部　当時十金以上
　　他人の手ニ渡し候事相惜　孝也談候様に候は、本望ニ付　近々南陔兄へ向
　　ケ差下し可申　唐詩ハ買候計り一度も不読　孝也ニ句読切ラセ被下候は、
　　相悦可申候

「孝」とは旭荘の子で淡窓の養子となった広瀬林外のことであり，こちらの書
簡は嘉永年間（1848～1853）のものと推測されるが[25]，この二書も『広瀬先賢
文庫目録』に見えるので該当部分を摘録する。

全唐詩　大　900巻60冊　（清）聖祖勅編　康煕46年序[26]

龍威秘書　中　80巻70冊欠（清）馬俊良編　大西山房等[27]

『全唐詩』は贅言するまでもないだろうが，『龍威秘書』に若干触れておく。同
書は10集から成り，第1集「漢魏採珍」第2集「四庫論録」第3集「詩話集
雋」第4集「晉唐小説」第5集「説叢拾遺」などと題され，多方面の書籍を集
めた叢書である。これを旭荘から買取って咸宜園蔵書としたと考えられる。

4．知人等の経路による漢籍収集

　次に，知友の士や門人等からの経路について見てみよう。先述した羽倉簡堂
（1790～1862）から取り上げる。日記の文化11年3月4日条に次のように記さ
れている[28]。

　　羽使君。〈改名外記〉使其臣小串鉄蔵到書。贈韻府一隅一部。

　　（羽使君〈外記と改名〉，その臣小串鉄蔵をして書を到す。韻府一隅一部を
　　贈らる。）

時に淡窓33歳であったが，これに対応する（文化12年）4月28日付け淡窓宛て
羽倉簡堂書簡があり，そこには「去冬韻府一隅壱部呈候相届候哉伺候」と見え
ている[29]。『韻府一隅』は清の顔懋功により編集されたもので，前掲の武谷祐
之『南柯一夢抄録』に「詩ハ含英ヲ携フルノミ」とあった『詩韻含英』と並称
される。詩作におけるいわば必携書に位置付けられている。なお，この時のも
のと推量される『韻府一隅』は，『広瀬先賢文庫目録』には記されていない[30]。

　次は，三浦梅園の子である三浦坦斎（1764～1819）である。日記の文化13年
10月10日条に「東坡集自杵築至」（東坡集杵築より至る）とあり[31]，翌14年12
月24日条には複数の人物に書簡を出した記事が見え，その中に次のように記さ
れている。

　　与三浦修齢書。〈帰東坡詩集。謝以紫金苔三枚。託久兵衛。〉

　　（三浦修齢に与ふる書〈東坡詩集を帰す。謝するに紫金苔三枚を以てす。
　　久兵衛に託す。〉）

これらの記事は，三浦坦斎から借用した蘇軾の詩集を，およそ1年後に返却し

たということを示しているであろう。これは借用の間に写本に仕立てたと思われる[32]。

次は，門人による経路の事例である。淡窓47歳である文政11年10月4日の日記には，「矢上行助自長崎至来訪」（矢上行助長崎より至り来訪）とあり，さらに5日後の10月9日条には次のように記されている[33]。

　　矢上行助所齎四部書。渉猟略畢。黄葉村荘詩集〈清呉之振孟挙著。凡四冊。康熙中人。其詩学宋云。予抄二十餘葉講之。〉石湖艸堂集〈清鍾士鉉士雅著。凡三冊。康熙中人。其詩腐套無味。故不畢読。〉本朝文読〈全部之体不可知。此為袁簡斎文集。凡四冊。其議論雖有得失。率多痛快。〉白華前稿〈清呉省欽冲之著。全部巻冊不可知。今所見凡四冊。皆文也。乾隆中人。蓋其人以考拠自処。文無可味。故不卒読。〉

　　（矢上行助齎すところの四部の書，渉猟し略ぼ畢る。黄葉村荘詩集〈清の呉之振孟挙の著。凡て四冊。康熙中の人。其の詩は宋に学ぶと云ふ。予，二十餘葉を抄して之を講ず。〉石湖艸堂集〈清の鍾士鉉士雅の著。凡て三冊。康熙中の人。其の詩は腐套にして味無し。故に畢くは読まず。〉本朝文読〈全部の体，知るべからず。此れ袁簡斎の文集たり。凡て四冊。其の議論，得失有りと雖も，率ね痛快多し。〉白華前稿〈清の呉省欽冲之の著。全部の巻冊知るべからず。今見るところ，凡て四冊。皆文なり。乾隆中の人。蓋し其の人，考拠を以て自ら処り，文，味ふべき無し。故に卒くは読まず。〉）

ここに掲げられた書目は，残念ながら『広瀬先賢文庫目録』を見る限りでは，現存を確認できない。しかし，「予抄二十餘葉講之」と述べる『黄葉村荘集』は，実際に10月6日に講義が行われている[34]。このように，これらの抄録を淡窓は作成したのではなかろうか。

　また，旭荘が堺で居を定め開塾するに当たり，何かと世話をしてくれた小林安石には，『太平広記』の探索を依頼している。それを示すのが，次に摘録した（年未詳）3月17日付け京屋多兵衛宛て淡窓書簡である[35]。

　　一，此節堺小林安石と申医者へ　大平広記と申書物相求申度致世話呉候様ニ申遣候　若右之書物持参在候ば　後便御遣可被下候　右代銀ハ金弐両よ

り二両一二歩迄之筈ニ候間　其通ならは　御払置可被下候　但書物之有無

相分兼候間　若書物持参致候はゞ宜奉願候　右可得貴意如此候　早々頓首

『太平広記』は『広瀬先賢文庫目録』には数本が掲げられており，塾生の試験
に使われたのであろう写本『太平広記書試句読』，万延元年（1860年）写本
『太平広記』（巻1〜4），写本『太平広記抜書』もあるが，「咸宜園蔵書目録」
の区分に，次の書誌事項が記されている（163頁）。

　　重刻太平広記　小　500巻64冊　（宋）李昉等編　乾隆18年重刻　晟暁峰氏
　　板

5．その他の経路

　引き続き，その他の経路について考察してみよう。日記の文政13年4月8日
条に，次のような記事がある[36]。

　　始与謙吉読呉梅村詩。〈梅村集。甌北集。湖海詩伝。皆新自長崎来者。〉

　　（始め謙吉と呉梅村詩を読む。〈梅村集，甌北集，湖海詩伝。皆新たに長崎
　　より来るもの。〉）

これは，旭荘と共に[37]，詩をもって知られた清代の呉梅村の作品を読んだとい
う記事であるが，ここではその外にこれも清朝の人であるが，趙翼の『甌北
集』，王昶の『湖海詩伝』が長崎から到着したという記述が見えている。先述
の記事では矢上行助がもたらしたと見えていたが，ここでは具体的にどのよう
な経路で長崎から入ってきたのかはわからない。しかし，これは舶載書とみる
ことができるのではなかろうか。これらの書籍を，『広瀬先賢文庫目録』に求
めると，『梅村集』に関わるものには，「旭荘珍蔵」の印記のある写本『呉梅村
詩抄』が確認できる（32頁）。また，『甌北集』『湖海詩伝』に関するものは，
それぞれ次のような書誌事項が記されている[38]。

　　甌北全集　大　48冊　（清）趙翼　乾隆・嘉慶間　（湛貽堂蔵板）
　　湖海詩伝　半　46巻16冊　（清）王昶編　嘉慶8年　（三泖漁荘蔵板）

　次に，代官所の経路を考えてみよう。淡窓57歳の天保9年8月3日の日記を
摘録する[39]。

安藤謙治伝　府君命。賜従政名言一部。〈薛文靖所著。〉

（安藤謙治府君の命を伝ふ。従政名言一部を賜ふ。〈薛文靖著すところ。〉）

時の代官寺西元栄の命を側近の安藤謙治が伝え[40]，明の人薛瑄の『従政名言』を賜わったという記事である。この日記の「命」とは，代官による『大日本史』筆写の依頼であると思われる（『懐旧楼筆記』天保10年９月20日項〈後掲〉参照）。これは漢籍の贈与の記事であるが，漢籍の借用もあったのではなかろうか。漢籍については今のところ確認できないが，和書では『兼山秘策』などの借用が記録されている[41]。なお，『従政名言』は『広瀬先賢文庫目録』には記されていない。

これまで３節に分けて，淡窓の漢籍収集の一端を見てきた。その経路には，旭荘・友人・門弟など様々なものが考えられることを述べ，その若干の事例を挙げてみた。今後，この方面の探索をさらに進めていきたいと思う。

6．塾生による蔵書の閲覧

さて，淡窓は収集した書籍，その中でも借用したものについては，その全部を，あるいは抄録として，写本を作成していたと思われる。咸宜園においては，塾生に都講をはじめとして各々の役職を定め，塾生に対する教科の指導の他に，日常生活万般への監督助言を行わせていた。その役職の１つに，書記というものがあったようである。これについて前掲の武谷祐之『南柯一夢抄録』に，「書記ハ師ノ要書ヲ謄写ス。日々二葉トス」と見え，この役職に就いた塾生が収集書籍の写本作成に与ったと推量される。また，他の塾生に対しても，教科の一環として，あるいは一種のアルバイトとしても行われていたのではないかと推測する。この点については，漢籍に関する事例は今のところ確認できないが，和書については次のような徴証がある。先にも少し触れたが，寺西代官による『大日本史』筆写の依頼を受けて，それを完成させたことを示す『懐旧楼筆記』の天保10年９月20日の項である[42]。

二十日，初メ寺西明府ヨリ余ニ托シテ，日本史ヲ書写センコトヲ求メ玉フ。塾生ニ課シテ写サシメ，書成ツテ奉レリ。此日近臣ヲ使トシテ，縞及

ヒ米許多ヲ筆者ニ賜ハレリ。大部ノ書，書写容易ニ非ス。試業ノ書会ニ於テ，之ヲカ丶シメ，又料物ヲ出シテ，写サシメ，種々ノ工夫ヲ以テ，其ノ数ヲ満タシメタリ。縞ハ余カ家ニ買ヒ，其価ヲ以テ，料物ノ一端ニ当テタリ。

このような形での筆写が，漢籍においても行われたのではなかろうか。詩を中心とした『広瀬先賢文庫目録』に見える多数の抄録が，それを示しているように思われる。

咸宜園蔵書の購入資金や蔵書閲覧については，今のところ多くを明らかにできないが，旭荘は

二十ノ年ハ，淡窓公常ニ臥シ玉ヘル故，余塾政ヲ聞ケリ。此時塾ノ余銭ヲ多ク仕立テ，又蔵書ヲ買フコトヲ始メタリ。

と述べ[43]，一時，咸宜園の経営を淡窓から預かった時に，塾の運営資金の一部で蔵書を購入したと語っている。咸宜園の蔵書管理は，蔵書監という役職に当った塾生が担当した。蔵書監は『嘉永五年壬子改正　塾約』によれば，

一我家ノ器具ハ，以塾長可借。書物類ハ蔵書監ヲ以テ可借。皆瑣細ノ物タリトモ，借券ヲ出シ，且預メ返ノ日限ヲ書キ載スルコト。

というものであった[44]。また，明治18年の調査に係るという『塾則』から摘録すると，次のようである。

十二，蔵書監　蔵書ノ出入ヲ監視シ又其保存ヲ計画ス

……

一蔵書監ハ毎月三十日自席ニ於テ諸生ニ貸渡シタル書籍ノ検閲ヲ為スヘシ

……

一月謝塾費食料蔵書費等ハ毎月前定ノ事

但月謝ハ金廿五銭塾費ハ外来生金五銭内塾生金八銭食料ハ金壱円五十銭内外蔵書費ハ蔵書ヲ借覧スルト否トニ拘ハラス金一銭トス

これを今少し細かく述べているのが，前掲の武谷祐之『南柯一夢抄録』である。

蔵書監ハ，又舎長次席ヨリ任ス。蔵書ノ出納ヲ司ル。一人一部ヲ仮貸シ，読了リテ他書ヲ仮貸シ，一時ニ数部ヲ仮サス。大部ノ書ハ五六冊宛仮

貸ス。中下等生之ヲ仮ル。月ニ六十文ヲ納ル。上等ノ生ハ仮ルモ否モ亦之ヲ納ル。貯蓄シ，匱乏ノ書ヲ購求ス。四書，五経，蒙求，十八史略，文章規範，国史略，日本外史等ノ書ハ，数十部宛ヲ備ヘ，廿一史，十三経，其他子類，詩文集，及雑書等モ備ヘ仮貸ス。遠隔ヨリ来遊ノモノニハ，大ニ便利ヲ与ヘリ。……　月末主簿，桝屋茂七ト会計シ，生徒ノ飯料，蔵書銭，及浴湯料ヲ配課ス。

これによれば，一度に一部の書籍を借り，大部のものについては5，6冊ずつを借りることができたという。また，月旦評の中下等生は借用した場合には月に60文を，上等生は借りても借りなくとも利用料を納めることになっていたという。ここに列挙された複数購入されたという書籍は，いずれも咸宜園で使用された基本的なテキストである。ここに示したものには，咸宜園のいわば閲覧規定が見えているといえよう。

7．おわりに

　これまで，淡窓は漢籍をどのような経路で収集したのか，また，その蔵書は塾生にどのように利用されたのか，という問題について若干の考察を試みてきた。いまだ渉猟している史料の範囲が狭いために，十分な考証ができず羊頭狗肉の誹りを免れない。しかし，最初に述べたように，管見では咸宜園について，本章で扱った問題はほとんど検討されてこなかったと思われる。その点では，いささか解明できた部分もあるのではないかと思う。また，淡窓と書肆との関わりも，ほとんど分析がなされてこなかった課題である。この問題についても，今後の課題として考究してみたいと考える次第である。

注

1：これらについては，田中加代『広瀬淡窓の研究』（ぺりかん社，1993年）及び拙稿「広瀬淡窓研究史試論」（『国学院雑誌』86-6，1985年6月）参照。

2：同図書館は現在の日田市立図書館であり，かつて咸宜園の隣りにあったが，今は移転して新築されている。

3：増補淡窓全集下巻（思文閣，1971年復刻）所収。同目録は，「咸宜園蔵書」「唐本類」「梅墩荘蔵書」に分類されている。

4：広瀬家の方は『広瀬家文書仮目録』1～3，『広瀬家古文書撮影フィルム目録』（1968年3月～1970年3月），淡窓図書館の方は，『咸宜園蔵書目録』（1970年1月）が発行されている。

5：広瀬先賢文庫，1995年。

6：先年，先賢文庫を閲覧する機会を得た時に，淡窓自筆と推測される和漢の書目を列挙した雑記帳（表題はなかった）を偶々実見した。そのような前掲目録に収載されていない史料も残されている可能性もある。

7：『江戸時代の教育』（松居弘道訳，岩波書店，1970年）。

8：筆者が閲読する機会を得たのは，同氏の学位論文であるが，下記のように刊行されている。同書について，イアン・ジェームズ・マクマレン氏が「英語圏における徳川時代思想史研究の現状」（小室正紀訳，『日本経済思想史研究』3〈2003年3月〉）の中で紹介されている。
Kassel, Marleen. *Tokugawa Confucian Education : The Kangien Academy of Hirose Tanso*. Albany, State University of NewYork Press, 1996.

9：和書については，拙稿「広瀬淡窓の閲読書目考—国書を対象として—」（『国学院中国学会報』39，1993年12月）でいささか論じたことがある。

10：淡窓の略伝については，増補淡窓全集に収められている日記や自叙伝『懐旧楼筆記』等により記述した。

11：この佐伯に転封した毛利氏は全国屈指の文庫によってその名が知られ，その蔵書の内の漢籍約二万冊が文政11年（1828）に幕府に献上されていることは著明である。淡窓の少年時代に読書の師であった久留米からやってきた浪人松下筑陰は，佐伯藩の藩儒として招かれ，淡窓は寛政7年（1795）14歳の時に，佐伯を来訪している。

12：淡窓と対面した際の印象を，聖謨は『長崎日記』で「詩も文章も宜しく，行跡も宜しく候」などと記している。『長崎日記・下田日記』（東洋文庫，平凡社，1968年）参照。

13：日田の領主及び日田商人については，杉本勲編『九州天領の研究—日田地方を中心として—』（吉川弘文館，1976年）本編第1章（藤野保執筆）同第2章（野口喜久雄執筆）参照。

14：武谷祐之『南柯一夢』の抄録である『南柯一夢抄録』（増補淡窓全集中巻，同書から引用する場合，全て句点であるのを一部読点に改める），小栗布岳『豊絵詩史』（1884年）参照。なお，『南柯一夢抄録』と『豊絵詩史』では，奪席会に関する説明が多少異なっている。

15：前掲『豊絵詩史』参照。

16：伊東多三郎氏がかつて，「京都堀川の古義堂（伊藤家の塾）や豊後日田の咸宜園（広瀬淡窓の塾）の門人帳に記載された人々の身分・職業・生国などを調べ，さらにそれらの人々が郷里でどのように学問活動をしたか，それを克明に調べることも重要で興味深い。」（「文化史における地方文化の問題」〈『近世史の研究』3，吉川弘文館，

第3章　咸宜園の漢籍収集と塾生の閲覧　|　*51*

1983年〉）といわれた課題は，今日でも残されているといえよう。

17：高野長運『高野長英伝』（岩波書店，1943年）参照。

18：工藤豊彦『広瀬淡窓・広瀬旭荘』（明徳出版社，1978年）参照。

19：前掲『広瀬先賢文庫目録』参照。また，旭荘の随筆である『九桂草堂随筆』（日本儒林叢書2，鳳出版，1978年復刻）を見てもそれは如実に示されている。

20：長寿吉・小野精一共編『広瀬淡窓旭荘書翰集』（弘文堂書房，1943年）294頁。

21：前掲『広瀬先賢文庫目録』162頁。

22：前掲『広瀬先賢文庫目録』147頁。『夜譚随録』『五種遺規』共に，同目録の「咸宜園蔵書目録」に収載されている。

23：前掲『広瀬淡窓旭荘書翰集』343頁。同書には意味不明の部分があるので，この書簡については，井上敏幸監修・大野雅之編集『廣瀬淡窓　資料集　書簡集成』（大分県先哲叢書，大分県教育委員会，2012年）404頁に翻刻されたものを掲げる。他にも省略されている部分や，読み方の異なる部分も少なくないが，ここでは意味不明の部分だけを示す。「河茂口入を以て武部十金買受申度と申候へ共」は，『廣瀬淡窓　資料集　書簡集成』では「河茂口入を以，他方ニ弐部十金買受申度と申候得共，」である。また，この書簡を嘉永元年（1848）と年代推定している。

24：前掲『広瀬淡窓旭荘書翰集』411頁。

25：書簡中に「此節嘉永二十五家絶句彫刻半成」とあり，林外は嘉永3年に九級に昇進していることが確認できることから（淡窓の日記より），嘉永年間のものと推測される。

26：前掲『広瀬先賢文庫目録』160頁。

27：前掲『広瀬先賢文庫目録』161頁。『全唐詩』『龍威秘書』共に，同目録の「咸宜園蔵書目録」に収載されている。

28：『淡窓日記』（増補淡窓全集中巻所収），括弧内は割注の部分。参考までに，書き下し文を付した。

29：前掲『広瀬淡窓旭荘書翰集』38頁。

30：同目録には，後年の文政11年（1828）の序があり，中井乾斎が校訂した刊本は著録されている（153頁）。

31：前掲『淡窓日記』。

32：前掲『広瀬先賢文庫目録』によれば，「広瀬家蔵書目録（家宝書）」の部類に「蘇詩」「蘇東坡詩鈔」という写本の存在を記しているので，参考として掲出しておく（42～43頁）。

33：『欽斎日暦』（増補淡窓全集中巻所収），原漢文，原文の括弧内は割注の部分。

34：『黄葉村荘集』については，大庭脩『江戸時代における中国文化受容の研究』（同朋舎出版，1984年）において，舶載書目の中に見えている（38・132頁）。

35：前掲『広瀬淡窓旭荘書翰集』218頁。

36：前掲『欽斎日暦』，原文の括弧内は割注の部分。

37：謙吉は旭荘の通称。

38：両書共に157頁に記され，同目録の「咸宜園蔵書目録」に収載されている。

52 | 第Ⅰ部　江戸の書院・咸宜園

39：『醒斎日暦』（増補淡窓全集下巻所収），原漢文，原文の括弧内は割注の部分。

40：この人物については，金沢春友「安藤野雁」（『西国筋郡代と広瀬淡窓』〈大盛堂印刷出版部，1972年〉所収）参照。

41：前掲『醒斎日暦』天保9年5月19日・5月20日・5月22日・6月15日条参照。

42：増補淡窓全集上巻所収，同書は全て句点であるが，引用に当たり一部を読点に改めた。また，『大日本史』の塾生による筆写については，中島市三郎氏が『咸宜園教育発達史』（遺稿集，1972年）において，近在の素封家の資金を受けて咸宜園塾生により筆写された『大日本史』が，大原八幡宮に奉納されたことが報告されている。

43：前掲『九桂草堂随筆』，同書は全て句点であるが，一部を読点に改めた。

44：前掲増補淡窓全集中巻所収，同書は全て句点であるが，一部を読点に改めた。

45：中島市三郎『教聖広瀬淡窓の研究　増補訂正版』（第一出版協会，1935年）増補14頁による。

第4章

広瀬旭荘の咸宜園蔵書収集の発想について
—柴秋村「蕭舎義書目録序」を手がかりとして—

1. はじめに

　江戸後期の詩人として知られ，経世家としても注目される広瀬旭荘には，その門人の一人として阿波出身の柴秋村がいる。その秋村の作品を集めた『秋村遺稿』の下巻に[1]，附録として収められる文章に「蕭舎義書目録序」がある。これは広瀬旭荘の開いた塾である蕭舎において，秋村が塾生の共同利用できる書物（義書と名付ける）を集積するために，塾生から蔵書費を募るという趣旨の文章である。この文章からは，旭荘の塾においてそのような企画があったことは無論のこと，その嚆矢は咸宜園にあって，咸宜園において蔵書を収集し，そのための費用を塾生から集めたこと，さらにそれは旭荘の提案に始まるという指摘をしている点でも注目される。旭荘の発案という指摘については，兄の広瀬淡窓は管見では発言していないように思われる。しかし，旭荘自身はいささか言及しており（後述），「蕭舎義書目録序」の指摘は，そのことを裏付ける史料の一つとなると思われる。

　「蕭舎義書目録序」の本体と考えられる『蕭舎義書目録』は，現存しないように見受けられる[2]。また，「蕭舎義書」についても，秋村の業績を精密に検討した大冊である田中双鶴氏の『柴秋邨精説』でも，簡単に触れられているだけである[3]。したがって，「蕭舎義書目録序」はこれまで注意されていない文章であると思われるので，本章では「蕭舎義書目録序」全文を書き下し文にすると共に，現代語訳を試みてみることとする。

　さて，本章の記述の順序としては，先ず柴秋村の略歴，特に旭荘との関係を述べる。次に，「蕭舎義書目録序」の原文と書き下し文，さらには現代語訳を

掲げて，その内容を確認する。それを踏まえて，「粛舎義書目録序」の内容から咸宜園に関する記述を取り出して考察する。次に，咸宜園の蔵書収集の方法を提案したと考えられる旭荘の発想の意義について分析を加えたいと思う。

2．柴秋村と広瀬旭荘

柴秋村については，旭荘塾同門である亀谷省軒撰述『秋村遺稿』の序文，中野範氏の『咸宜園出身八百名略伝集』（同書の秋村の項は，大塚富吉氏『咸宜園入門百家小伝』に拠っている）[4]，先の田中双鶴氏『柴秋邨精説』などから，その生涯のあらましを知ることができる。それらにより秋村の略歴を確認しつつ，旭荘との関係について見ていくこととしよう。

秋村は阿波徳島の人，天保元年（1830）に生まれ，明治4年（1871年）に亡くなっている。名は莘，字は緑野，通称は六郎，「秋村」はもともと旭荘の号であり，旭荘から与えられた。8歳で医を学ぶもそれを止め，儒者の新居水竹に学んだ後，江戸に出て大沼枕山に詩文を学ぼうとしたが枕山に放逐され，幕臣の羽倉簡堂にその才を愛された。その縁から大坂に出て旭荘に入門（羽倉簡堂は少年時代，父の日田代官在任中を日田で過した），蘭学にも関心を寄せ緒方洪庵にも入門している。その後，念願の咸宜園を訪問し3年滞在，この時，すでに淡窓は亡くなっており，塾主は広瀬青村であった。その間，安政5年（1858）には旭荘塾同窓の長三洲の案内により，宇佐や彦山にも遊んでいる[5]。

文久元年（1861）に抜擢されて，徳島藩の「儒員兼洋学校正局務」となったが，家老稲田氏の家臣による分藩独立運動に起因して，明治3年（1870）に稲田氏家臣に対する襲撃事件が起こる（庚午事変〈稲田騒動〉）。首謀者として師の新居水竹は切腹，秋村も檄文起草の罪を問われ禁錮3年の処分を受け，痛飲しながら生涯を閉じたという。

それでは，旭荘との関係はどのようなものであったのだろうか[6]。これについては田中双鶴氏が『柴秋邨精説』で，旭荘の日記『日間瑣事備忘』から，大坂の旭荘塾在塾中の秋村に関する記事をことごとく挙げておられる。それに導かれながら『日間瑣事備忘』を見ることとしよう。嘉永2年（1849）7月5日

条に「斯波禄郎阿波自り至り，業を受けんことを請ひ塾に入る」とあり[7]，秋村がこの時に入塾したことがわかる。この頃，旭荘は2回目の江戸滞在（天保14年〜弘化3年〈1846〉）を終えて，再び大坂に戻り淡路町に開塾していた時期であった。その後，『日間瑣事備忘』には秋村のことが度々出てくるが，その中でも書物に関する記事が多い。嘉永3年4月24日条では，一緒に河内屋茂兵衛の蔵に行きその蔵書を借りてきたこと，翌4年5月17日条では，江戸で亡くなった妻松子を旭荘が哀悼した『追思録』を秋村が筆写してそれが完成したこと，翌5年11月29日条では『梅墩詩鈔四編』，翌6年8月18日条では『宜園百家詩四編』それぞれの編輯を，旭荘と秋村が行っていることが記されている。翌日の8月19日条には，蔵書の点検と目録作成を一緒に行ったことも記されている。旭荘が自らの号を与え，「阿波より斯波禄郎と申　弱冠才気超群の生入門」と評した秋村を[8]，旭荘が信頼している様子を窺うことができる。

　また，安政2年には，秋村は藩命により緒方洪庵の適塾にも入門している。洪庵と親交のあった旭荘が仲介し（『日間瑣事備忘』同年8月朔日条に関連記事が見える），適塾の姓名録にも同月日付けで入門したことが記されているとのことである[9]。なお，秋村は咸宜園には安政4年から万延元年までの3年間在塾した模様であるが，咸宜園の入門簿には記載が見えないようである。これについては，前掲の『咸宜園出身八百名略伝集』にも，「入門簿不詳（客席入門……）」と記す。

3.「粛舎義書目録序」の内容

　それでは柴秋村の「粛舎義書目録序」の原文を掲出してみよう。

　　慶元建橐以来。在位之人。崇尚儒術。経史百家之書。逐次刊布。無慮数百千巻。而大阪府所印発居其八。雖三戸之村。一闤之市。宄不挾冊者矣。宜園僻在海西。人気醇樸。勤学力行。而蔵書甚寡。旭荘先生創寘義書。其法毎人月納五十銭。借読者加十銭。巻首皆鈐三印。文曰。宜園蔵書。曰。月益日加無尽蔵。曰。社外雖親戚故人。不許借覧。立監一人。謹記出納。翻火覆油者有罰。捲脳折角者有罰。先生東徙後。任都講舎長者。一仍其

法。積至五千余巻。今四方遊士。不負笈而獲観群籍。先生之力也。顧大阪
巨鎮。不患無書。而書肆多貪。書生多貧。以勢不相容。然游士多以学為
名。其実沉涵花柳。徒延時月。不復問書之有亡矣。吾肅舍諸子。困勉不遜
宜園。而常苦苦難得書。因請賚義書。先生又為指画其法。永沿莫替。而大
阪尤便買書。則二十年後。亦当倍蓰宜園。諸子既有困勉之質。而不費一
瓻。得読二酉。其学所進。蓋有不可測者。而後来游士之盛。亦当不遜宜
園。昔范文正為子孫置義荘。後世士夫相仿遺規。則先生此挙焉知不為後儒
之法哉。而陸宣公以門生為荘。則先生之門。出提要鈎玄如退之者可期矣。
今寓肅舍者某某。而先生所定積書法。聞此挙納書若銭鏹者姓名。開列於
後。

これを書き下し文にすると，次のようになるであろう。

慶元建橐以来，在位の人，儒術を崇尚し，経史百家の書，逐次刊布するこ
と，無慮数百千巻なり。而して大阪府の印発する所は其の八に居る。三戸
の村，一闤の市と雖も，冊を挟まざる者なし。宜園は海西に僻在して，人
気醇樸，勤学力行するも蔵書は甚だ寡なし。旭荘先生，義書を賚くことを
創む。其の法は人ごとに月に五十銭を納れ，借読の者は十銭を加ふ。巻首
に皆，三印を鈐す。文に曰く「宜園蔵書」と。曰く「月益日加無尽蔵」
と。曰く「社外雖親戚故人不許借覧」と。監一人を立て，謹んで出納を記
す。火を翻し油を覆する者には罰有り。脳を捲き角を折る者には罰有り。
先生東徙の後，都講・舍長に任ずる者，一に其の法に仍り，積みて五千余
巻に至る。今，四方の遊士，笈を負はずして群籍を獲観するは，先生の力
なり。顧みるに大阪は巨鎮，書無きを患へずして，書肆多く貪り，書生多
く貧す。以て勢として相容れず。然して游士多く学を以て名と為し，其の
実は花柳に沉涵して，徒らに時月を延し，復たと書の有る亡しを問はず。
吾が肅舍の諸子，困勉は宜園に遜らずして，常に書を得難きに苦苦す。因
りて義書を賚くことを請ふ。先生又為めに其の法を指画し，永く沿いて替
ふる莫し。而して大阪は尤も書を買ふに便なれば，則ち二十年後，亦た当
に宜園に倍蓰すべし。諸子既に困勉の質あるも，一瓻を費さずして，二酉
を読むを得たり。其の学の進むところ，蓋し測るべからざる者有りて，後

来の游士の盛んなるも，亦た当に宜園に遜らざるべし。昔，范文正子孫の
ために義荘を置き，後世の士夫遺規に相仿ふ。則ち先生の此の挙，焉くん
ぞ後儒の法とならざるを知らんや。而して陸宣公，門生を以て荘をつくら
しむ。則ち先生の門に，要を提げ玄を鈎し退之の如き者の出づることを期
すべし。今，蕭舎に寓する者は某某。而して先生定むるところの書を積む
の法。此の挙を聞きて，納書若しくは銭鏃せんとする者の姓名，列を後に
開け。

次に，試みに現代語訳をしてみる[10]。

慶長元和年間の戦乱の終息以来，位に在る人［将軍を指すか］は儒術を尊
崇し，経・史・百家の書物を順次刊行して，おおよそ数百から数千巻にの
ぼる。そして，大阪府にある本屋から発行するものが，その八割にのぼっ
た。［だから大阪周辺では］戸数の少ない村や周りに囲いを巡らした一つ
の市場であっても，書物を持たない者はいない。［しかし］咸宜園は海西
の遠いところに在り，人の心は飾り気がなく，学問に励み努力するが蔵書
はきわめて寡ない。［そこで］旭荘先生は公益のための書物を置くことを
創めた。その方法は各人が月に五十銭を納め，その蔵書を借りて読む者に
はさらに十銭を加えるというものである。蔵書の巻首にはすべて，三つの
印を鈐す。その文に曰く「宜園蔵書」と。曰く「月益日加無尽蔵」と。曰
く「社外雖親戚故人不許借覧」と。監督者を一人立てて，厳重に出納を記
録する。あかりを倒し油をこぼした者には罰がある。上部を捲いたり，す
みを折った者にも罰がある。先生が東に移った後も，都講や舎長に任命さ
れた者は，ひとしくその方法を受け継ぎ，書物を積み上げて五千巻余りに
なった。今，四方から集まっている游士が，故郷を離れてあちこちと游学
することなく，群籍を閲覧することができるのは先生の尽力によるのであ
る。振り返ってみると大阪は大都会であり，書物が無いという心配はいら
ない。しかし本屋の多くはなるべく利益を上げようとし，書生の多くは貧
しい。だから，お互いの状態は，あい容れないのである。そして游士の多
くは学問を名目としながら，実際には花柳界に沈み溺れて，むなしく歳月
を費やして，二度と書物の有る無しを問わなくなる。吾が蕭舎の諸子は，

その困っていることは咸宜園と変わらず，常に書物を手に入れにくいこと
に苦しんでいる。そこで公益のための書物を置くことを願い，先生は又そ
の方法を指導してくださり，それに永く沿って替えることはない。そして
大阪は書物を買うにはもっとも便利であるので，二十年後には咸宜園の蔵
書の数倍になるだろう。諸子には苦しいという実質があるが，[その都
度] 金銭を使うことなく [一甒は一つの酒のかめ，書物を借用した礼とし
て酒の入ったかめを送ったという中国の故事に因る]，数多くの蔵書を読
むことができる [「二酉」は中国の大酉山と小酉山の石穴に古書千巻が蔵
されていたという故事に因り，蔵書の多いことに喩える]。その学問の進
み具合は，測ることができないほどであり，後から来る游士が多くなるの
は，咸宜園にも譲らないほどになるであろう。その昔，范文正 [范仲淹，
北宋の人，989-1052，文正は諡] は子孫のために義荘を置いて，後世の士
大夫たちは，お互いにその遺した戒めにならった。そうであるならば，先
生のこの行動は，いったい誰が後の儒者の模範とならないとわかるであろ
うか。そして陸宣公 [陸贄，唐の人，754-805，宣は諡] は門生に荘を作
らせた。そうであるならば，先生の門下に，要点を挙げ本旨を引き出すこ
と，韓愈 [唐の人，768-824，退之は字，「提要鉤玄」は韓愈の「進学解」
に見える言葉] のような者が出てくることを期待すべきである。今，蕭舎
に身を寄せているのは誰と誰。そして先生の定めた書物を増やす方法を聞
いて，献本あるいは金銭を出そうとする者の姓名は，後に書き連ねよ。

4．「蕭舎義書目録序」の咸宜園に関する記述

　上記の「蕭舎義書目録序」において，咸宜園の運営方法に触れている部分
は，「宜園僻在海西」から「不負笈而獲観群籍。先生之力也」までである。こ
こで，旭荘により義書を置くことが始められたとする部分で，そのための費用
を各人から毎月五十銭集め，蔵書を借用する者はさらに十銭を加えるという方
法であった，という説明には，旭荘自身が多少言及している。それは，随筆
『九桂草堂随筆』巻9の「二十ノ年ハ，淡窓公常ニ臥シ玉ヘル故，余塾政ヲ聞

ケリ。此時塾ノ餘銭ヲ多ク仕立テ，又蔵書ヲ買フコトヲ始メタリ」という記述
である[11]。旭荘は文化 4 年（1807）に生れ，天保元年24歳の時にいったん，咸
宜園の経営を淡窓から譲られる（旭荘は同 7 年に堺に出る）。すると「二十ノ
年」は，文政 9 年（1826）に当たる。その頃について，淡窓の自叙伝『懐旧楼
筆記』を見てみると，前年の文政 8 年 4 月22日の項に

　　在塾生凡ソ一百十三人。是ヲ在塾多人ノ極トス。七月月旦，通計百八十六
　　人。是ヲ月旦多人ノ極トス。予二十四歳，三月十六日ヨリ開業シテ，長福
　　寺学寮ヲカリ移住ス。同居生安民，伊織二人ナリ。其年八月，成章舎ニ移
　　住シ，始メテ月旦ヲ造ル。名ヲ録スル者，凡十五人ナリ。其後追々繁盛シ
　　テ，是ニ至ツテ二十年，其数始ニ数十倍セリ。抑物盛ナレハ必ス衰フ。此
　　年ヨリ大病ヲ得，生徒日日衰ヘタリ。倚伏ノ理，オソルヘキノ至ナリ。

とある[12]。この大病は翌年，さらにその翌年と続いている。まさに「淡窓公常
ニ臥シ玉ヘル」という状況であった。そうであるならば，旭荘は咸宜園の経営
を正式に継承する以前に，その塾政を手伝い，余った金銭を使って咸宜園蔵書
を購入することが始まったことになる。

　ただし，『九桂草堂随筆』では，塾生各人から蔵書費を集めたということに
は触れていない。このことに言及している別な史料として，武谷祐之の随筆
『南柯一夢』がある。武谷祐之は天保 7 年から14年まで咸宜園に在塾，その
後，緒方洪庵に学んだ人物。『南柯一夢』は咸宜園研究で度々引用される文献
であるが，その中に次のような記述がある[13]。

　　蔵書監ハ，又舎長次席ヨリ任ス。蔵書ノ出納ヲ司ル。一人一部ヲ仮貸シ，
　　読了リテ他書ヲ仮貸シ，一時ニ数部ヲ仮サス。大部ノ書ハ五六冊宛仮貸
　　ス。中下等生之ヲ仮ル。月ニ六十文ヲ納ル。上等ノ生ハ仮ルモ否ルモ亦之
　　ヲ納ル。貯蓄シ，匱乏ノ書ヲ購求ス。四書，五経，蒙求，十八史略，文章
　　規範，国史略，日本外史等ノ書ハ，数十部宛ヲ備ヘ，廿一史，十三経，其
　　他子類，詩文集，及雑書等モ備ヘ仮貸ス。遠隔ヨリ来遊ノモノニハ，大ニ
　　便利ヲ与ヘリ。

これは柴秋村の「蕭舎義書目録序」の記述と照応する内容であり，塾生から蔵
書費を集めたという説明は共通する。しかし，「蕭舎義書目録序」は一律に

五十銭，借用する場合はそれに十銭を加えるとするのに対して，『南柯一夢』は一律に六十文，「上等ノ生」すなわち月旦評において上級に在る塾生は，咸宜園蔵書を借用しなくとも六十文を納めるとするのは，説明に違いがある[14]。また，『南柯一夢』の方では，収集した蔵書の具体的な書名を挙げている点が興味深い。この書目を見ると，咸宜園の教育で必須な文献が中心に集められている様子を窺うことができる。現代で考えてみると，図書館の参考図書に近い文献を主に集めていると見ることができるのではないだろうか。

　従来，咸宜園の蔵書費納入と貸出については，専ら『南柯一夢』の記述により検証されてきた。この「蕭舎義書目録序」の記述は，『南柯一夢』の記録と補完しあうものであり，その意味から注目すべき記述と考えられる。

　「蕭舎義書目録序」の記述に戻り，次に三つの蔵書印の説明をしているが，三村竹清の『蔵書印譜第三集』の「広瀬淡窓」の項目に，この三つは掲載されている[15]。そこでは，「宜園之蔵書」「日益月加無尽蔵」（秋村の文章では「月益日加無尽蔵」，この二つは長方形の朱印）「同社之外雖親戚故人不許借此」（円形の朱印，秋村の文章の印とは若干言葉が相違する）が掲げられており，「蕭舎義書目録序」の説明に対応している。

5．咸宜園の蔵書監及び閲覧時の注意事項に関する記述

　「蕭舎義書目録序」の次の「立監一人，謹記出納」の部分は，『南柯一夢』にも出ている蔵書監が配置され，書物の出納に当たったことを述べている。さらに「翻火覆油者有罰。捲脳折角者有罰。」は，閲覧時の注意事項に触れている。この内，蔵書監のことは咸宜園の規約類にも出てくるが，閲覧時の注意事項に及んでいるものは，現存する規約類には見られない。それらについて，検討してみることとしよう。

　咸宜園の塾生に向けて定められた規約類の中には，塾全体の事柄に及ぶもの，倹約などある問題を扱ったものや，塾主ばかりではなく都講により発行されたものもあり実に多種多様であった。その内，蔵書監のことは塾全体に関する規約の一部に出てくる。現存する塾全体に関する規約を列挙すると，『辛丑

改正規則』(天保12年〈淡窓60歳〉製作)『癸卯改正規約』(天保14年製作)『嘉
永五年壬子改正　塾約』(淡窓71歳)『丁巳改正規約』(安政４年〈淡窓死去の
翌年〉製作)『塾則』(製作年未詳だが,「雑則」の初めに「毎月一ノ日及ヒ紀
元節天長節神武天皇祭日ヲ休日ト定ム」とあるので,明治時代に入ってからの
ものであることがわかる)の五点である[16]。

　それらの中で,蔵書監のことが出てくるのは,『嘉永五年壬子改正　塾約』
と『塾則』である。『嘉永五年壬子改正　塾約』の方には,「一　我家ノ器具
ハ,以塾長可借。書物類ハ蔵書監ヲ以テ可借。皆瑣細ノ物タリトモ,借券ヲ出
シ,且預メ返ノ日限ヲ書キ載スルコト。」とある[17]。『塾則』の方には,「職掌」
として塾生の職務を21挙げる中に,12番目として「蔵書監　蔵書ノ出入ヲ監視
シ又其保存ヲ計画ス」とあり,さらに「蔵書監ハ毎月三十日自席ニ於テ諸生ニ
貸渡シタル書籍ノ検閲ヲ為スヘシ」と説明されている。『塾則』にはまた「財
用」の項目で蔵書費も規定されており,「一月謝塾費食料蔵書費等ハ毎月前定
ノ事　但月謝ハ金廿五銭……蔵書費ハ蔵書ヲ借覧スルト否トニ拘ハラス金一銭
トス」と記されている[18]。

　しかし,現存するこれらの規約には,蔵書の取扱いに関する規定は見えな
い。その意味において,「蕭舎義書目録序」の「翻火覆油者有罰。捲脳折角者
有罰。」という説明は注目される。咸宜園の蔵書監に類する役割は,他の塾や
藩校などにも置かれていたが,規約で書物の取り扱い方に触れているところ
は,それ程多くないように思われる。例えば『日本教育史資料』を見ても,熊
本藩の時習館「時習館学規科条大意」に,

　　供書簿〈蔵書ニハ時習館蔵書印記ト云フ印ヲ押スヘシ〉コレ拝借ノ書ヲ記
　　スル帳面ナリソノ出納開閉ヲ慎ンテ紙葉牙籤ヲ毀損スルコトヲ許サス

とあり,平戸藩の維新館「維新館功令」に,

　　一蔵書判事はその出入を掌る。若し覧を乞ふ者有らば,これを教授に告げ
　　て後,これを借る。その業を卒へるや数を照し収納す。若し簡編を乱汚
　　し,或いは携去して門を出づる者には禁有り

とあるなどわずかである[19]。咸宜園においても蔵書の取り扱い規定があったと
する「蕭舎義書目録序」の記述は,新たな知見を加えるものといえよう。

6．広瀬旭荘の咸宜園蔵書収集の発想

　「蕭舎義書目録序」は，その他にも示唆しているものがある。蕭舎という名は，先に記した天保14年から弘化３年にかけて滞在した江戸における旭荘の塾名とされている。しかし，この「蕭舎義書目録序」からは，大坂に戻った旭荘が一時期，蕭舎という塾名を使用したことを窺うことができる[20]。

　また，咸宜園の門下生はその豊富な蔵書の恩恵に浴したとする見解は，咸宜園に多くの人々を集めた理由の一つに，その所蔵する書物の魅力という新たな視点を提供することになるのではないだろうか。

　さらに，蔵書印の言葉にあるように，塾生ではない社外の者に利用を認めないという制約はあるものの，皆で費用を出し合い，それにより共有の書物を購入する，という発想を旭荘が提示したとする指摘は，取り分け重要であろう。秋村の発言のとおりであるならば，咸宜園の経営には蔵書の集積という角度からも旭荘の貢献のあったことがわかる。また，その発想には新しいいわば近代的なものが垣間見えるとは言えないだろうか。旭荘が江戸滞在中の弘化元年12月に亡くなった妻松子に向けた哀悼の書物『追思録』について，かつて大谷篤蔵氏は川路聖謨の日記や森鷗外の幕末校勘家を扱った作品も例に挙げながら，「このたぐい稀な愛妻記『追思録』をうみ出したものの最も深い底には，近世末期の知識人家庭の近代性が横たわっているように思える。」と評された。『追思録』執筆に見られるような近代的な発想が，旭荘の蔵書費納入と共同利用する書物の収集という発想にも通底していると考えられないだろうか[21]。

7．おわりに

　本章では，柴秋村の著した「蕭舎義書目録序」の記述を分析した。「蕭舎義書目録序」は，従来ほとんど注意されてこなかったと考えられる。しかし，その内容には注目すべき点が多々見られる。それは秋村の師である広瀬旭荘が，兄の広瀬淡窓の創設した咸宜園において，塾生から蔵書費を集め，それにより

第 4 章　広瀬旭荘の咸宜園蔵書収集の発想について　│　*63*

共同して利用することのできる書物（秋村は義書と名付ける）を購入，塾生の利用に供したという指摘である。このことについては，従来，咸宜園の規約類や武谷祐之の『南柯一夢』などが，専ら史料として用いられてきた。「蕭舎義書目録序」の記述が，それらに加えて新たな史料に位置付けられることを述べた。しかも咸宜園の蔵書収集の仕組みは旭荘による発案であるとするのは，従来の史料にはない新たな指摘であることを述べた。さらに，旭荘のこの発想は，江戸時代後期としては新しく近代的なものではないかと論じた。

　なお，咸宜園において実際に集めた蔵書費がどれ位であったのかについては，広瀬青村が塾主であった時期を中心に会計簿が現存している。その分析については，後日を期したいと思う。

注

1：上中下三巻，柴直太郎発行，1901年。

2：『国書総目録』（岩波書店）には，その書名は出ていない。

3：鳥跡社，1992年。

4：1974年，『咸宜園入門簿第四版 hyperlink 版』（日野兄弟会，2011年，CD-R）に拠る。

5：長三洲については，中島三夫『三洲長英著作選集―付作品目録・略伝―』（2003年）を参照した。

6：旭荘の経歴については，西江錦史郎「広瀬旭荘考」（『グローバル時代の政治・経済・経営―国士舘大学政経学部創設五十周年記念論文集』，2011年）を参照した。

7：原文は「斯波禄郎白阿波至請受業入塾」（広瀬旭荘全集 4，思文閣出版，1983年），ここでは書き下し文にして引用した。また，『日間瑣事備忘』は嘉永 5 年 8 月13日からは，広瀬旭荘全集 5 に掲載されている。

8：「（年未詳）7 月10日付け広瀬青村宛旭荘書簡」に見える。同書簡は長寿吉・小野精一共編『広瀬淡窓旭荘書翰集』（弘文堂書房，1943年）453頁（「安政 2，3，4，5 年青村宛」の項目に入っている）に掲載されている。

9：秋村の適塾入門については，梅溪昇『緒方洪庵と適塾生―「日間瑣事備忘」にみえる―』（思文閣出版，1984年）を参照した。

10：「蕭舎義書目録序」の原文では「遊士」「游士」の両方が使われているので，そのまま掲げた。また，書き下し文では，原文の句点は一部読点に改めた。さらに，現代語訳の部分では，原文にない言葉の補足，原文の事項の注記，あるいは筆者の憶測などを，角括弧内に記した。

11：日本儒林叢書 2（鳳出版，1978年復刻）。同叢書所収書はすべて句点であるが，読解

の便宜上，一部句点を読点に改めた。

12：増補淡窓全集（思文閣，1971年復刻）上巻所収。同全集所収書はすべて句点である
　　が，読解の便宜上，一部句点を読点に改めた。また，文政8年の淡窓の日記は病の記
　　事が多く，翌9年10年は日記自体が書かれていない。

13：『南柯一夢』は抄録が，増補淡窓全集中巻に収録されている。同全集中巻所収書はす
　　べて句点であるが，読解の便宜上，一部句点を読点に改めた。

14：貨幣の「銭」という単位は淡窓の著述などにおいても，使用されている。例えば天保
　　5年の著述『勧倹約説』（増補淡窓全集中巻所収）には，「食料五拾銭と定めし所は，
　　大意米壹升六拾銭なれは，一人前一日五合にて三拾銭なり。」などと出てくる。「文」
　　と「銭」との関係については，中島市三郎氏が『教聖広瀬淡窓の研究　増補訂正版』
　　（第一出版協会，1937年）において，『学則』（製作年未詳）を翻刻紹介する中で，「当
　　時鍋銭三文のことを一銭と云ふ故に今の十五銭と云ふに等し然し時に増減あり。」と
　　述べている。江戸時代の「銭」は「文」と同じ単位とする見解もあるようであり，こ
　　の点については今後の課題としたい。

15：『三村竹清集』1（日本書誌学大系23〈1〉，青裳堂書房，1982年）所収。

16：何れも大分県日田市の広瀬家にある広瀬先賢文庫に現存する。中村幸彦・井上敏幸共
　　編『広瀬先賢文庫目録』（1995年）参照。

17：増補淡窓全集中巻所収。同全集中巻所収書はすべて句点であるが，読解の便宜上，一
　　部句点を読点に改めた。『嘉永五年壬子改正塾約』は旭荘の『梅墩叢書』に所収され
　　ているものであり，元々は旭荘の塾の規約として作られ，それを咸宜園でも利用した
　　と考えられる。広瀬旭荘全集11（随筆篇，思文閣出版，1986年）「解説」（中野三敏執
　　筆）参照。

18：中島市三郎『教聖広瀬淡窓の研究　増補訂正版』（第一出版協会，1937年）の増補部
　　分に翻刻されている。

19：『日本教育史資料』巻8（臨川書店，1970年復刻）。「時習館学規科条大意」の引用の
　　〈　〉は割注の部分。「維新館功令」の原文は「一蔵書判事掌其出入若有乞覧者告之教
　　授而後借之其卒業也照数収納若乱汚簡編或携去出門者有禁」。ここでは書き下し文に
　　して引用した。

20：江戸における粛舎については，月野文子「広瀬旭荘の天保十五年正月詩の周辺—粛舎
　　取得と江戸開塾—」（『文芸と思想』67，2003年2月）参照。

21：「広瀬旭荘の『追思録』」（『文学』34-3，1966年3月）。

第 5 章

広瀬淡窓の著述『析玄』出版と
咸宜園門下生・矢上快雨

1．はじめに

　広瀬淡窓の著述の１つである『析玄』は，『老子』の趣旨を敷衍した内容を
持ち，淡窓は天保９年（1838）10月に脱稿した。時に淡窓は57歳であった。同
書は，咸宜園に学んだ矢上快雨の手により，その３年後である天保12年に上梓
された。この時期には『遠思楼詩鈔』初編が天保８年に出版され，また，淡窓
の著述ではないものの，咸宜園関係者の詩を集めた詩集であり，快雨が編集に
関わった『宜園百家詩』初編も同12年に出版されている。

　これら前後して出版された書物の内，『遠思楼詩鈔』初編と『宜園百家詩』
初編は，大坂の書肆河内屋茂兵衛（初代，岡田氏，群玉堂）により刊行された
のに対して，『析玄』は快雨によって出版されている。しかし，快雨は『析
玄』出版の数ヶ月後である天保12年12月に死去する。『析玄』のその後を広瀬
旭荘の日記『日間瑣事備忘』で見ていくと，『析玄』の板木を旭荘が買い取
り，それらを河内屋茂兵衛に預け，天保15年（12月２日に改元，弘化元年）に
河内屋茂兵衛と江戸の須原屋茂兵衛（八代，北畠氏，千鐘房）との連名により
改めて上梓している。

　従来，快雨と『析玄』との関係，さらには『析玄』の出版経緯については，
あまり注意されてこなかったように思われる。淡窓及び咸宜園に関する研究書
を見ても，『析玄』の内容に触れるものはあっても，『析玄』と快雨との関わり
や出版経緯に言及したものはほとんど見られない。管見に及んだ範囲では，わ
ずかに高橋昌彦氏が『広瀬淡窓』「第３章　淡窓の著作と出版」において，『析
玄』の出版経緯を取り上げている（後述）[1]。しかしながら，旭荘による『析

玄』の板木取得や『日間瑣事備忘』に見える関連記事は取り上げられていない。そこで，本稿では『日間瑣事備忘』の記事に基づきながら，快雨と『析玄』との関係，快雨没後の『析玄』再印の経緯などをたどってみたい。

2．矢上快雨略伝

矢上快雨は咸宜園出身者の1人として取り上げられるものの，その事績についてはあまり詳しく紹介されることがない。例えば，近年刊行されたものに，『図説　咸宜園—近世最大の私塾—』がある[2]。同書の「第5章　門下生と訪問者」では，その数・出身地・代表的な人物を総覧している。快雨は2箇所に登場する。「咸宜園の門下生【儒学者】」の項目には，その1人として快雨の名前が挙げられ，また，「咸宜園と交流のあった文人墨客」の項目には，次のように記されている。

　矢上快雨（1798〜1842）

　　江戸後期の儒学者。阿波海部郡奥浦の人。快雨は文政5年（1822）11月21日咸宜園に入門。大帰後は，京都に寓居して儒を業とした。宜園百家詩の編纂・出版，また大坂で開塾した広瀬旭荘を助けた。

簡潔な説明ではあるが，『析玄』との関係には触れられていない。

時間を少し遡ると，中野範氏の編集した『咸宜園出身八百名略伝集』がある[3]。同書の快雨の項目では，「淡窓の析言の上梓や宜園百家詩の編纂など皆与つて力があつた。」（「言」はママ，全体の引用は割愛する）と記されている。同項目の説明の一部は『宜園百家詩』に拠っており，快雨のことは『宜園百家詩』3編（嘉永7年〈1854，11月27日に改元，安政元年〉刊）巻5にある。そこで，該当箇所を掲出すると

　矢上行〈字子生，号快雨，阿波人，下帷京師，早没，○宜園百家之挙，自子生始，其詩才清俊，惜哉，没後遺稿散逸，僅獲二絶録之〉

とあり，その2つの絶句（共に七言絶句）「雨夜宿嵐山雪亭」「明日昧爽歩前渓」が掲載されている[4]。この外，江戸時代のものとしては，『平安人物志』（天保9年版）に簡単な記載が見られる[5]。

これらの簡潔な紹介に対して，『日間瑣事備忘』の天保13年１月11日条は詳細である[6]。この日の記事は，快雨の親友日野鼎哉（わが国に種痘法の１つとして牛痘を導入したことで知られる，『日間瑣事備忘』嘉永２年11月３日条参照）から旭荘に手紙がもたらされたことから始まる。鼎哉と知り合ってから６年，一度も手紙がなかった鼎哉から手紙の来たことから快雨に変事があったのか，と心配した旭荘の予感が的中する。快雨の死去を伝える手紙であった。前年９月に快雨は江戸を発し越後に行き，糸魚川で鼎哉の門人の許に身を寄せたが，初めの使者より12月１日に危篤になったこと，後からの使者より12月10日に逝去したことが伝えられた。歳末を迎えるので喪は伏せられ，今日初めて死去を知らせるという内容である[7]。

　その後に快雨の略伝が載せられている。その部分を以下に引用する（長文なので一部を掲載した）。

> 快雨名行。字子生。通称行助。阿波人。初学貫名海屋。文政中来遊西州入家厳門。居数年。以医遊平戸。又客長崎数年。去住京師。中間絶音耗殆十年矣。天保丙寅余始遊京師。時快雨以儒授生徒其名頗譟。余意軽之。謂快雨長於医耳。及相晤服其学進非昔日之比矣。家厳門人以千数与余善者快雨為最。其性耿介不容物。屢与人諍。唯服余。雖年長余十餘歳。毎事推余。余亦依為強援。尤長詩。清新流麗。有杜牧之風。又以侠自喜。毎遇故旧。竭其所有供具。余遊京師。必主其家。若先過他家。輙憤然来責。与余晤必談宜園往事。娓々忘倦。大率終夕不眠。戊戌余去界。快雨聞之来訪。欲迎余京師卜隣。而余為阪人所留不果。京坂相距十餘里。郵筒来往月四五度。春秋暇日互相往還。都会人雖比隣対居交道疏闊。未有如我二人居隔交昵者也。天資英頴。善察事幾。以経済自任。雖服儒衣。快々不自得。恒有功名之志。……

次章以下で，上記の内容に即して快雨の事績を見ていくこととする。なお，割愛した部分についても，本稿の論述で必要な事柄については後で触れることとする。

68 | 第Ⅰ部 江戸の書院・咸宜園

3．矢上快雨の咸宜園入門

　引用文中に「文政中，西州に来遊し家厳の門に入り，居ること数年」とあるが，前掲の『図説　咸宜園―近世最大の私塾―』にあるように，快雨が咸宜園に入門したのは，文政5年11月21日である。この日の淡窓の日記に「阿波医生文卿入門。居三松静寿家。」（『淡窓日記』巻19，増補淡窓全集中巻）と見える[8]。ここには快雨が，初め医学を志していたことが示されている。

　実際，快雨が滞在していた三松静寿は日田在住の医師で，『入門簿』からは，快雨の咸宜園入門の紹介者でもあったことがわかる。三松静寿は文政2年に入門した岡研介の紹介者でもあり，また，かつて坪井信道が，文化10年（1813）に日田を訪れて就学した師でもあった[9]。

　入塾後の快雨については，文政6年12月21日の淡窓の日記に，文卿から行助に改称したこと，この時の月旦評で三級上となったことが記されている。その後の快雨に関する月旦評の記事は見あたらないが，翌7年1月20日条には，快雨の調合した薬を淡窓が服用したことが見え，8年7月の記事には，帰郷の途中で病没した咸宜園門下生を中津まで送ったことが記されている[10]。これらから，退塾時期は不明だが快雨は数年間在塾していた様子がわかる。

4．咸宜園退塾後の矢上快雨

　次に，咸宜園を去ってからの矢上快雨の足跡をたどってみよう。先の『日間瑣事備忘』では，「医を以て平戸に遊び，又，長崎に客すること数年」の部分である。淡窓の日記には平戸のことは見えないが，長崎にいた時の快雨については関連記事がある。それは文政11年10月のことで，日記の10月4日条に「矢上行助自長崎至来訪。」とある。10月9日条には「矢上行助所齎四部書。渉猟略畢。黄葉村荘詩集〈清呉之振孟挙著　……〉石湖艸堂集〈清鍾士鉉士雅著。……〉本朝文読〈……　此為袁簡斎文集……〉白華前稿〈清呉省欽冲之著。……〉」とあるから，この時，快雨は長崎で入手した4つの漢籍を淡窓に渡し

ていることがわかる。また，10月22日条には「為矢上行助講約言数章。」とあり，この年の５月に脱稿した『約言』の中から数章を取り出して，淡窓が快雨に講義したこともわかる[11]。

　翌文政12年２月には快雨が紹介者となって，高島秋帆の門人で，後に長崎の地役人となった春禎助が咸宜園に入門している。このことは，『日間瑣事備忘』の天保13年１月11日条にも，先の引用部分に続いて，「初快雨在長崎。薦其友春老谷入家厳門。庚子老谷来寓大阪俵署。快雨屢来訪之。遂与竊謀遊江戸。」と記されている。この記事からは，天保11年には大坂の俵物会所にいた春を，快雨がしばしば来訪したこと，江戸に行くことを相談したことも記されている[12]。

５．矢上快雨と広瀬旭荘の交流

　快雨が咸宜園を退塾してから後，快雨と旭荘が再会するのは，先の『日間瑣事備忘』の引用に「去りて京師に住す。中間絶音，耗きること殆んど十年なり。天保丙寅，余始めて京師に遊ぶ。」とあるように天保７年のことである。この年の４月22日に日田を離れた旭荘は，咸宜園門下生であった小林安石の世話により堺に居住，６月に京都を訪れている。10年余を経た再会である。久し振りに対面した快雨について，「時に快雨，儒を以て生徒に授け其の名頗る譟ぐ。余の意，之を軽んじて，謂ふに快雨は医に長ずるのみ，と。相晤するに及び，其の学進み昔日の比に非ざることに服す。」と儒学を教えていた快雨が，長足の進歩を遂げていたことに驚いている。

　その後の記述で，淡窓門下千人余の中で快雨が旭荘にとって最も親しかったこと，その性質は耿介で人としばしば言い争いになったが旭荘には従ったことなどを記している。

　さらに「戊戌，余界を去り」以下の記述では，天保９年に堺から別の地に居を構えようとした旭荘に，快雨は京都に居住することを勧めている。結果として旭荘は大坂に居住したが，両者の手紙の往復は月に４・５通，春や秋には相互に往来したと親しく交際したことを述べている。なお，同年閏４月に京都か

ら宇治に遊んだ際，日野鼎哉と対面している[13]。

6．『宜園百家詩』初編と矢上快雨

　広瀬淡窓の著述は，先述のように天保８年に出版された『遠思楼詩鈔』初編を嚆矢として，『析玄』が同12年に上梓され，淡窓の著述ではないが，『宜園百家詩』初編も同じく12年に出版されている。この３つの書物の内，快雨は『析玄』の出版を担い，『宜園百家詩』初編は編集に関与している。その辺の事情を，『日間瑣事備忘』天保13年１月11日条の後段の部分では，次のように記している。

> 快雨嘗謂余曰。我欲輯同社詩以莫忘旧交何如。余曰。善哉。会東行不果。余代之輯二百餘人詩。為宜園百家八巻。快雨又乞家厳所著析玄梓之江戸。客年送其印本至。而不迫親見百家詩印本也。……

　ここでは『宜園百家詩』の方から説明されているので，そちらから見ていくこととしよう。「快雨嘗て余に謂ひて曰く，我，同社の詩を輯めて以て旧交を忘るること莫きを欲す，何如，と。余，曰く，善きかな，と。」の部分だが，淡窓の『懐旧楼筆記』巻40，天保９年６月６日の項目に，

> 六日，宜園百家詩二巻ヲ編メリ。詩人六十餘，詩三百餘ナリ。五岳東遊スルニ因ツテ，之ニ托シ，謙吉カ許ニテ，上梓ノ事ヲ計レリ。此挙有田大助浪華ニアツテ之ヲ唱ヘシカ，未タ就ラスシテ，其地ヲ去リ，行方知レス。矢上行助京師ヨリ，其事ヲ継キ就サントシテ，謙吉ニ乞フ。故ニ是挙アリ。

と説明されている。これによれば『宜園百家詩』初編は，有田大助（文政７年に咸宜園入塾）の発意を，快雨が継承したことになる。

　しかし，「たまたま東行して果さず。余，之に代り二百餘人の詩を輯めて，宜園百家八巻と為す。」とあるように，先述の如く快雨が江戸に行ったため旭荘がその編集を代わっている。その作業は天保11・12年に繁忙を極めたようで，『日間瑣事備忘』に「数日来為刪百家詩。悉廃諸務。」（天保11年11月18日条）などと記している。その一方，淡窓から原稿の送られた直後から，河内屋

茂兵衛と出版に向けて交渉に入っており（『日間瑣事備忘』天保９年７月19日
条「招河茂談宜園百家詩開彫事。」），天保12年６月に完成（『日間瑣事備忘』天
保12年６月朔日条「夜。河茂携新刻百家詩二十部来観。」），翌７月に製本200部
余を旭荘が直接日田に持参している（『進修録』巻２，天保12年７月10日条
「宜園百家詩刻成。謙吉所齎。凡二百十部。〈凡八巻刻頗精美。大慰人心。未知
能行於世否。〉」）。

　先の『日間瑣事備忘』天保13年１月11日条に「而れども親ら百家詩の印本を
見るに迫ばざるなり。」とあるように，快雨はまもなく亡くなるので，『宜園百
家詩』初編の版本を快雨は見ることができなかった，と旭荘は述べている。

　さて，『宜園百家詩』初編の版本は，巻頭に篠崎小竹の「序」を掲げ，次に
快雨の「凡例」，巻八の巻末には劉石舟の「題宜園百家詩後」，旭荘の「跋」が
掲載されている。快雨の「凡例」は７項目からなり，５項目目には「一　批評
多出二先生及諸名家。又以愚意補之。今不暇一一標其名。読者以意逢之。」と
あり，快雨の批評は，淡窓・旭荘及び諸名家より多く出ており，それに自分の
見解を補ったという方針を述べている[14]。

７．広瀬淡窓の著述『析玄』と矢上快雨

　次に『析玄』と快雨との関わりを見てみよう。冒頭で述べたように，淡窓が
『析玄』を脱稿したのは，天保９年10月のことである。淡窓の日記の同９年10
月16日条に「予有志於析玄之作久矣。去歳略艸創之。近夜加修飾潤色。至此略
成。凡四千三百餘言。」とある[15]。翌10年９月には篠崎小竹の題言と批評が旭
荘の許に届き（『日間瑣事備忘』天保10年９月２日条「昨夜小竹使人送析玄批
評及題言。」），さらにその翌年11年１月には，快雨の批評が淡窓に届いていた
ことが確認できる（『醒斎日暦』巻19，天保11年正月17日条「是日析玄開講。
〈小竹快雨評成。故復講之。〉」）。同年６月には快雨から春禎助の預かった板下二
葉が旭荘に届き，それを淡窓に送ったこと（『日間瑣事備忘』天保11年６月６
日条「老谷来。以快雨嘱际析玄二葉。〈所謂板行下書。〉」，同年６月15日条「作
寄大人柬。〈内包牧山寄南陔兄柬。良哉老谷詩巻。析玄板下二紙。〉」），10月に

は藤沢東畡の批評が旭荘の許に届いたことが確認できる（『日間瑣事備忘』天保11年10月26日条「玄佳使人送東畡所批析玄。」）。

さらに，『日間瑣事備忘』天保11年12月20日条には「析玄校訖。封之寄日野鼎哉。〈托於葛民。〉」とあり，この段階で旭荘による『析玄』の校正が終わり，それを日野鼎哉に送るために鼎哉の弟の日野葛民に托していることがわかる。翌年の天保12年8月20日条には「快雨柬至。寄新刻析玄二本。」とあるので，この時に快雨からの手紙に添えて上梓された『析玄』が旭荘に届いている。その翌日には早速，『析玄』は淡窓に送られている（『日間瑣事備忘』天保12年8月21日条「寄大人以析玄二本及快雨柬。」）[16]。

前述のように『宜園百家詩』初編が天保12年6月には出版され，翌7月に200部余を旭荘が日田に持参しているので，『析玄』と『宜園百家詩』初編は，ほぼ時を同じくして刊行されている。それはまた，快雨の亡くなる数か月前になる。

先に引用した『日間瑣事備忘』天保13年1月11日条には，「快雨又，家厳著はす所の析玄を乞ひ，之れを江戸に梓す。客年，其の印本を送る。」とあるから，快雨は『析玄』を江戸で出版したことになる。今はこれに関する具体的な事情は不明だが，江戸での出版を裏付ける史料が今1つある。それは（天保12年）5月10日付けの辛島春帆に宛てた淡窓の書簡である[17]。その中に次のような一節がある。

　一，百家詩ノ内字削り候事，析玄ニ種任ト致候事承知致候。然処，百家ハ最早刻成就ニ及候。即貴君ノ分掛御目候。字入替候事，六ケ敷候。入替候得は，字歆斜大小有之，遠思楼拵往々皆然候。先ツ謙吉江申遣見可申候。析玄ハ江戸刻ニ而，尚又，手ニ及ヒ不申候。是も行助迄申遣見可申候。若未出来候得は宜候。

　一，字ハ三郎俗称ヲ字ト呼ひ候事例有之，先哲叢談ノ続編ニも相見候。三郎と出シ候得は，通例之唐人ヲ似セ候字ナトハ違ひ候事，被仰立可然候。不得已ハ，字ノ字ヲ称ト改メ，称三郎ニ成共改度候。何事も申遣見可申候。

この書簡では宛名が「雁三郎様」になっている辛島春帆は，天保5年に咸宜園

に入塾，入門時は中島雁三郎（『入門簿』には「雁三良」と署名）を名乗り，
同10年に塾を去っている。淡窓は日記の天保10年2月15日条に「雁三郎還郷。
大帰也。〈雁三郎在塾六年。位次至八級下。為人恬静。而才美秀。其位次。謙
吉之外。未之有也。今後勉而至大成。則其所至不可量也。〉」（『醒斎日暦』巻
17）と，旭荘の外に月旦評でここまで昇った塾生はいないと記している。その
後，中津藩医の辛島正庵の養子となり，自身も中津藩医となった人物である。
春帆はその号である。

　上記の書簡からは，辛島春帆から2つの要望が出されていたことがわかる。
1つは『宜園百家詩』初編から，「字」（あざな）の部分を削ってほしい，とい
う要望であろう。辛島春帆の詩は，13首が『宜園百家詩』初編の巻7に収録さ
れている。その作者紹介の部分を掲げる[18]。

　　　中嶋種任〈字三郎，号春帆，豊前宇佐人，○宜園学詩者，近歳有入場試業
　　　之事，其中科者，妍秀巧密，自成一体，若中嶋矢野，其選也，〉

これは，先の書簡にある「字ハ三郎」以下と対応しているであろう。辛島春帆
からは，この部分を入れ替えてほしいという要望が出され，淡窓からは既に出
版される段階にきているので難しいだろうが，旭荘に伝言するという内容にな
ると思う。

　今1つが『析玄』は「種任」としてほしい，という要望である。それに対し
て淡窓は，『析玄』は「江戸刻」だからこちらからは指示できない，快雨に問
い合わせてみるという回答をしている。これについては，同じ辛島春帆に宛て
た（天保12年）9月22日付けの淡窓の書簡で，その処理が述べられている（こ
ちらは宛名が「春帆賢契」となっている）[19]。「○析玄も刻成候。二部参り候。
御名ハ種任と改申候。御安心可被下候。」とある。要望通り「種任」に改めら
れているという内容である。これは，辛島春帆の書いた『析玄』の「序」のこ
とを指している。実際に『析玄』の版本を見ると，篠崎小竹の題言に続いて春
帆の「序」が掲載されている。そこには，「門人　豊前　中島種任謹撰」と記
されている（『析玄』の書誌については後述）。

　このように春帆に宛てた淡窓の書簡から，『析玄』は江戸で印刷されている
ことを窺うことができる。

8．広瀬旭荘による『析玄』板木の取得

　快雨没後，快雨が所有していた『析玄』の板木は，旭荘によって購入されたことが『日間瑣事備忘』の記述から確認できる。その取得の経緯を，その記述を追いながら見ていこう。

　先述のように天保13年1月11日に日野鼎哉の手紙により快雨の逝去を知った旭荘は，2月5日の夕刻に淀屋橋下から舟に乗り山崎に着いた。翌6日に伏見で観梅の後，夕刻，快雨の妻を訪ねたが不在のため，日野鼎哉を訪ね快雨の後事について相談した。そこに快雨の妻が来て旭荘と対面，深夜に旭荘は旅館に帰っている。その日の3人の会談，快雨の妻が去った後の鼎哉と旭荘2人の会話，それぞれの内容が『日間瑣事備忘』の翌2月7日条に詳細に記されている。2人の会話では，鼎哉と快雨の妻及びその兄弟との間に反目の生じていることが鼎哉から説明されている。鼎哉としては，快雨の遺品を友人たちに引き取ってもらって資金を作り，快雨の遺児の世話などに当てたいという意向であった。それに対して，快雨の妻とその兄弟は，鼎哉が快雨の財産を奪おうとしていると誤解しているとのことであった。それを聞いた旭荘は「吾明日説髪党。使彼従兄言。」と述べ，翌日，快雨の妻とその兄弟の所に行き鼎哉の意向に従うように説得することを引き受けている。

　翌7日には小田百谷（海僊，画家として知られる）を旭荘は訪ね，昨夜鼎哉から聞いた話について相談，百谷は「鼎哉言真実無妄也。」と発言したと記している。次に，快雨がその門人であったことから，貫名海屋（苗翁，儒者・書家・画家，特にその書は著名）を弔いの意味で訪問している。その会談では，海屋が「快雨所交総是匪人。〈暗斥鼎哉百谷等。〉」と語ったと記し，それに対して旭荘は「京師医儒分党相攻。吾輩偶至。不知所適従也。」と述べている。その後，快雨の家を訪れ妻とその兄（平兵衛）に対面している。その際に，兄と旭荘との間で『析玄』の板木に関する遣り取りが行われている。その会話の部分を『日間瑣事備忘』2月7日条から引用する。

　　余乃謂平兵衛曰。我保鼎哉無他。君諸事与彼謀。莫使死者憾。平兵衛曰。

諾。昨夜余謂鼎哉曰。快雨既没我欲買析玄板。附其金遺孤何如。鼎哉曰。
善。但少遅之。蓼党将謂板価数十金。鼎哉竊販諸旭荘以私其財。則吾与君
蒙悪声也。君且謀諸蓼党矣。故余謂平兵衛曰。析玄板蔵於君家不値一銭。
吾欲買之。君与鼎哉謀報其価。平兵衛曰。某実不知其価幾何。唯夫子命。
余曰。君若疑鼎哉謀之京書肆亦可。吾実知其価。然嫌於欺君輩。故不敢
言。君所報与我意合。吾即日出金取板矣。平兵衛曰。諾。

この後，鼎哉の使者が来て鼎哉宅に行き旅館に戻ると，たまたま隣室に咸宜園
の旧門下生がいて懇談，夜の内に舟に乗って京都を離れ，翌2月8日明け方に
は淀屋橋下に着き帰宅している。

　ここに引用した旭荘と亡くなった快雨の妻の兄平兵衛との会話からは，快雨
が『析玄』の板木を所有していて，旭荘がその板木を買い取る交渉をしている
ことが明らかである。このことを補足する史料として，（天保13年）2月6日
付けの広瀬青村に宛てた淡窓の書簡がある[20]。丁度，旭荘が京都に入った日を
日付とするこの手紙の中に

　　一，矢上行助，江戸帰路過北国，彼方ニ而死去致候。正月ニは謙吉上京，
　　　其跡ヲ世話致シ，且析玄板木之事取調へ候筈ニ而候。板木ヲ自身買可申様
　　　ニ申越候。左様成り候ハヽ，右書之為メニは可宜候。

とあり，『析玄』の板木を旭荘が買い取りたいという意向は淡窓にも伝えられ
ていたことがわかる。また，先の会話の引用部分に「吾実知其価。」とあり，
旭荘が『析玄』板木の相場の値段を知っているというのは，河内屋茂兵衛から
の情報と考えるのが自然であろう（『日間瑣事備忘』天保13年2月5日条の大
坂出発前の部分に，「召河茂謀析玄及百家詩集事。」「将之京師見日野鼎哉。議
析玄事。定昌平独明為従者。」とある）。

　さらに旭荘は2月27日から3月2日にかけて再び京都に行き，嵐山で開かれ
た快雨を偲ぶ会に参加している。その際に，強く反発している鼎哉と海屋の調
停に乗り出し，両者が対面して快雨の後事のために協力することを約束してい
る[21]。大坂に戻って程ない3月11日には，元来，快雨が所持していたのであろ
う『析玄』300冊と共に，その板木が鼎哉から送られている。板木の値段や具
体的交渉の経緯は不明だが，快雨の妻や兄らとの交渉がまとまり，この段階で

『析玄』の板木は旭荘が入手したことになる（『日間瑣事備忘』天保13年3月12
日条「横見新八来。日野鼎哉送析玄印本三百冊及其板。〈二件昨日〉」）。同月16
日には『析玄』300冊の内の240冊が淡窓に送られ（『日間瑣事備忘』天保13年
3月16日条「雇河内屋新助。包大人所嘱書籍凡十四種及析玄二百四十部。而遺
佐太郎托諸中津開運舟。因東泉吉。」），24日にはその板木が，河内屋茂兵衛に
預けられている（『日間瑣事備忘』天保13年3月24日条「属析玄板於河茂。」）。

9. 『析玄』の再印

　板木が旭荘の所有となった『析玄』は，河内屋茂兵衛と江戸の須原屋茂兵衛
の連名により再度上梓される。そのためには，幕府に届けてその許可を得る必
要があった。その交渉は，天保14年に江戸に再遊した旭荘により行われた（旭
荘は天保8年に初めて江戸を訪れ3箇月滞在，今回再度江戸を訪れ，弘化3年
〈1846〉までの4年間江戸に居住する）。

　その背景には，天保改革の一環として天保12年12月に出された株仲間解散
令，翌13年6月に出された出版統制令が関わっている。正徳6年（1716，6月
22日に改元，享保元年）に京都，享保6年に江戸，享保8年に大坂で書物問屋
仲間が公認され，重板や類板などが仲間内で規制された。それに関連して享保
7年11月に出版に関する条例が出され，第4条では新板の書物には，奥書に作
者と版元の実名を記すことが定められた。次いで寛政改革期には，寛政2年
（1790）5月に書物問屋仲間に対する町触れが出され，奥書に作者と版元の実
名を記すことが改めて定められている[22]。そのような仕組みを変えたのが株仲
間解散令である。これにより書物問屋仲間は解散となり（嘉永4年に再興），
それまでの書物問屋仲間による出版の自己規制がなくなった。したがって，幕
府が直接出版の規制に乗り出すことになり，それを示すのが天保13年（1842）
6月に出された条例である。その中では，出版を希望する場合，版元は草稿を
町年寄に提出，町年寄はそれを町奉行所に提出，町奉行所が出版の許可・不許
可を決定する。許可された書物は印刷したものを，町奉行所に納本することが
定められた。また，蔵版については，それを希望する者は草稿を学問所に提

出，許可を得て後，印刷したものを学問所に納本と定められた。さらに，同年の7月には，医学書の蔵版を希望する者は，草稿を医学館に提出，許可を得て印刷したものを医学館に納本すると定められた。この仕組みは町奉行所に大きな権限があるように見えるが，実際には一部が医学館や町奉行所で処理されたものの，大部分は学問所が処理していたという[23]。

天保14年5月晦日に江戸に入った旭荘は，かねてから親交のある菊池渓琴（海荘，河内屋孫左衛門，絵具染草問屋・薬種問屋）の手紙を携え，早速6月9日には須原屋茂兵衛を訪問している[24]。『日間瑣事備忘』天保14年6月9日条から引用すると，「渡日本橋。行一丁。至須原屋茂兵衛家。致渓琴束。見主人議析玄上聞事。〈客年官令曰。凡著述上梓者。必先受官允。〉」と『析玄』が上聞に達しているかどうかを相談したところ，「主人曰。愚以為此書刻成於辛丑。則在官令前。不必聞也。」と須原屋茂兵衛が答えたという。すなわち，『析玄』の出版は天保12年のことで，条例の出る前であり，上聞に達していないのかもしれないというのである。さらに，同月14日に再び旭荘が訪ねた際に，須原屋は同業者と相談したところ，皆，届けなければいけない，と言っていることを伝えた。そこで旭荘は，『析玄』を渡すから須原屋の方から届けてほしいと依頼して，須原屋は了承している（『日間瑣事備忘』天保14年6月14日条「茂兵衛曰。某与同業議析玄事。皆曰。是不可不告官也。余曰。然則吾贈君析玄一本。君上之於官。主人曰。諾。借主人蔵書帝王編年輯成帰。」）。

さらにこの件は別な展開を見せていく。20日に須原屋の使者が来て，「近い内に書物調べが厳格になり，万一にも板木が没収されることがあってはいけないので，学問所の学生に依頼して内覧を受けておいた方がよい」との提案がある。そこで旭荘は，斎藤順次にそれを依頼している（『日間瑣事備忘』天保14年6月21日条「聖堂生齋藤順次来訪。因托析玄。請検書吏内覧。昨日須原屋茂兵衛使人来曰。某与同人議析玄事。皆謂宜上検書所矣。近日検書厳刻。或奪板木。万一有微故。悔之無及。不如縁聖堂生。竊乞内覧也。故謀諸順次。」）。これは一か月後には実現し，7月23日に齋藤順次が来て官許の出たことを知らせている（『日間瑣事備忘』天保14年7月24日条「昨日齋藤順次来曰。析玄之請既得官允。」）。

この時のものと考えられる「『析玄』開板願書」が広瀬家の先賢文庫に所蔵されている[25]。以下に掲出しよう。包紙に「析玄願書并付札」とあり，本紙には

　　　　御改奉願上候
　　一析玄一冊
　　　右此書豊後処士広瀬求馬著述ゐたし候
　　　此度蔵板仕候而も宜敷候哉此段奉伺候
　　　以上
　　　　七月十日　　　　　　　　上田友助

と記されている。また，付札には

　　　　開板差支無之候出来之上壱部
　　　　学問所江可被相納候事

とある。「蔵板」とあることから，天保14年7月10日と見られる。

　この許可は27日に須原屋に伝えたが，次のような遣り取りが『日間瑣事備忘』に記録されている。天保14年7月27日条から引用する。

　　　与孫吉訪須茂。告析玄既得官允之由。主人曰。此以先生家蔵板而得允也。
　　　官禁蔵板書之売買。先生欲使某行之世。須以某名号更請官旨。余曰。愚不
　　　解本地書林之状。一依頼君。主人曰。諾。話久去。

家蔵板でなく須原屋を通して出版したいのであれば，改めてその旨を届けなければいけないと言われる。それに対して，旭荘は江戸の書肆のことはわからないので，一任したいと答え，須原屋は了承している。

　しかし，これは停滞して1年後まで持ち越される。『日間瑣事備忘』天保15年10月4日条に次のようにある。

　　　初余因齋藤順次告刻析玄於官。官以為我家蔵板允焉。既而与須茂河茂謀公
　　　諸世。二茂曰。凡蔵本不得販売。須復請官乃使二茂請。二茂曰諾。然厭労
　　　相譲不果。余属溪琴暁須茂。今日須茂使其家人京屋某来曰。売析玄件明日
　　　請官。

先述のように官許を得たのは家蔵板であったので，須原屋と河内屋から出版するには改めて官許を得なければならないと言われた。それを依頼して2人は了

承したが，「労を厭ひて相譲りて果さず。」という状況であった。そこで旭荘は
菊池渓琴に依頼して須原屋に告げ，須原屋から『析玄』販売許可を申請すると
いう内容であった。『日間瑣事備忘』同月27日条に「須茂家人彌七束。謀告析
玄発兌。」（欄外「於官事」）とあるから，この件の相談であろう。この件につ
いては，『日間瑣事備忘』にはその後記述がなく，淡窓の日記に記述がある。
天保16年（弘化２年）２月11日の記事である。そこには「謙吉書至。報析玄官
許之事。〈上木。蔵板。其請既允。今許其鬻於書林。以弘於世云。……〉」（『進
修録』巻９）とあり，書肆による販売許可が幕府からおりたことになる[26]。

10. 『析玄』の書誌

　これまで見てきたように，『析玄』の版本には２つの出版時期が考えられ
る。１つは快雨により江戸で作成され蔵板として出版され，天保12年８月には
旭荘の手元に届き，旭荘から淡窓に送られているものである。天保12年版とい
うことになる。今１つは快雨の死後，版木を旭荘が快雨の遺族から買い取り，
河内屋茂兵衛と須原屋茂兵衛の連携により販売したものである。天保13年３月
には旭荘が板木を受け取り，それを河内屋茂兵衛に預けたと推定される。時あ
たかも天保改革の一環として天保13年６月に出版統制令が出され，出版には学
問所の許可を必要とした。天保14年７月に蔵板として認可され，さらに，許可
を得て書肆からの販売許可が下りたことは，弘化２年２月の淡窓の日記から確
認することができる。

　これを現存する版本と照合してみよう。『国書総目録』の「析玄」の項目で
は，版本として天保12年版を14機関，天保15年版を10機関，刊年不明のものを
３機関所蔵しているとしている（ここでは写本は除く）[27]。天保12年版が初印
本，天保15年版が後印本と見られる。天保12年版の方から見ていくと，筆者の
実見したものは次の６本である。その書誌を掲げよう[28]。
⒜国立国会図書館所蔵本（請求記号　126.2-H566s）
　大本　一冊　本文23丁　表紙　青
　題簽「析玄　単」　見返し「淡窓先生著」「析玄」「快雨書屋蔵版」（三行）

80 | 第Ⅰ部 江戸の書院・咸宜園

「天保辛丑新鐫」（横書き）

　　題言「題析玄三十則」「己亥九月朔小竹散人弻」（「己亥」は天保10年）

　　序「門人　豊前　中島種任謹撰」（中島種任は辛島春帆，先述）

　　本文巻頭「析玄三十則」「豊後　広瀬建子基　著」「阿波　矢上行子生　批釈」

　　跋「題析玄後」「門人　豊後　劉毳拝撰」[29]　「跋」「庚子孟秋。矢上行題於京師玫瑰園。」（「庚子」は天保11年）

　　奥付なし　欄上に篠崎小竹・藤沢東畡の批評あり

　　柱題「析玄」　板心の下部に「快雨書屋蔵」

　以下，(B)〜(F)は(A)の書誌事項との異同のみを挙げる。

(B)国立国会図書館所蔵本（請求記号　132-76）

　異同なし。

(C)国立公文書館所蔵本（請求番号　191-212）[30]

　異同なし。

(D)早稲田大学図書館所蔵本（請求記号　文庫17W0178）[31]

　表紙　黄　蔵版者印「矢上／行印」（朱印，見返し左下）

(E)早稲田大学図書館所蔵本（請求記号　ロ13 00113）

　異同なし。

(F)早稲田大学図書館所蔵本（請求記号　ロ13 02997）[32]

　表紙　黄　蔵版者印「矢上／行印」（朱印，見返し左下）

　次に天保15年版を見てみよう。筆者が実見したのは，次の３本である。天保15年版が天保12年版と異なるのは，見返しの横書きの部分が「天保甲辰新鐫」であることと，奥付が付いている点である。後は天保12年版と同じである。これも（A）との異同の部分だけを掲げる。

(G)国立公文書館所蔵本（請求番号　191-0213）[33]

　　見返し「淡窓先生著」「析玄」「快雨書屋蔵版」（三行）「天保甲辰新鐫」（横書き）

　　奥付「広瀬求馬著述」「天保十五年甲辰十月」「発行書林」「大坂心斎橋通博労町　河内屋茂兵衛」「江戸日本橋通壹丁目　板元　須原屋茂兵衛」（五行）

㈻無窮会所蔵本[34]

　　表紙　黄

　　奥付　「書林」（横書き）「大阪心斎橋筋博労町角　河内屋茂兵衛」

　　他10肆

㈼国立国会図書館所蔵本（請求記号　109-114）

　　奥付　「書林」（横書き）「大阪心斎橋筋博労町角　河内屋茂兵衛版」

　　他10肆

以上から，天保12年版が快雨により出版され，版木の所有が旭荘に移り同じ板木を使い，出版許可を得て天保15年版が出版されたと考える[35]。

11．おわりに

　従来の研究では，咸宜園門下生の1人である矢上快雨により，広瀬淡窓の著述である『析玄』が出版されたことは簡単に触れられてきた。しかし，快雨の詳しい事績や快雨が『析玄』を上梓する経緯については，ほとんど検討されてこなかったといえよう。また，広瀬旭荘の浩瀚な日記『日間瑣事備忘』は，以前から先学の関心を呼んできたものの，快雨の生涯や快雨と『析玄』との関係の分析，という角度からはほとんど利用されていない。そこで本章では，『日間瑣事備忘』の関連記事を主たる史料としながら，快雨と『析玄』との関係を考察した。その結果，次の事柄が明らかになった。

　淡窓が天保9年10月に脱稿した『析玄』は，快雨の手により天保12年に江戸で上梓された。これと前後して，快雨が編集に関わった『宜園百家詩』初編も同12年に出版された（編集の実務は，途中で旭荘に交代している）。この内，『析玄』が江戸で出版されたことを示す史料として，『日間瑣事備忘』の外，（天保12年）5月10日付けの辛島春帆に宛てた淡窓の書簡を挙げた（辛島春帆は『析玄』の「序」を書いている）。

　次に，『析玄』出版の数か月後に快雨が亡くなるので，快雨死去後の『析玄』について検討した。そこでは，快雨の遺品を整理した日野鼎哉と快雨の妻やその兄との軋轢という複雑な状況の中で，『析玄』の板木が旭荘に譲渡され

たこと，その板木は旭荘から河内屋茂兵衛に預けられたことを，『日間瑣事備忘』の記述から論証した。また，ここでも旭荘の『析玄』板木取得を裏付ける史料として，淡窓の書簡の中から（天保13年）2月6日付けの広瀬青村に宛てたものを紹介した。

次に，『析玄』の板木を取得した旭荘により，『析玄』の再印本を大坂の河内屋茂兵衛（初代，岡田氏，群玉堂）と江戸の須原屋茂兵衛（八代，北畠氏，千鐘房）との連携により上梓する過程を考察した。これは天保14年に江戸に再遊した旭荘が，菊池渓琴の紹介により須原屋茂兵衛を直接訪問することから始まる。天保改革の一環として出版統制令が強められる中，『析玄』の蔵板としての認可，次いで書肆による販売許可の下りた経緯を『日間瑣事備忘』の記述に基づいて跡付けた。

最後に管見に及んだ範囲ではあるが，現存する『析玄』の版本を比較検討した。天保12年版が快雨により出版された初印本であり，見返しには「天保辛丑新鐫」とあり，板心の下部に「快雨書屋蔵」と刻され，奥付はないという特徴を指摘した。天保15年版の方は旭荘が板木を取得して天保12年版と同じ板木を使用した後印本と推定した。こちらは，見返しが「天保甲辰新鐫」と変わり，板心の下部にある「快雨書屋蔵」はそのまま使用され，挙げている書肆については多少の異同があるものの奥付がある，という特徴を指摘した。

これらの論証により，快雨と『析玄』との関係，さらには快雨死後の『析玄』の出版経緯について，これまで論じられてこなかった点を明らかにすることができたのではないだろうか。ただ，この時期は書物問屋仲間が解散しているという状況もあり，史料的には探索の難しい面もあるが，書肆側からの検討，また，広瀬家側の史料の検討，という課題が残されている。これらについては，今後の課題としたい。

注

1：思文閣出版，2016年。

2：日田市教育委員会，2017年。

第 5 章　広瀬淡窓の著述『析玄』出版と咸宜園門下生・矢上快雨　｜　*83*

3：広瀬宗家，1974年。

4：『詞華集　日本漢詩』11（汲古書院，1984年）。引用の〈　〉内は割注の部分。

5：国際日本文化研究センターの「平安人物志データベース」。http://tois.nichibun.ac.jp/
hsis/heian-jinbutsushi/Heian/，（参照2018-2-10）.

6：『広瀬旭荘全集』日記篇 2（思文閣出版，1982年）。『日間瑣事備忘』は，影印が同全
集日記篇全 9 冊に収録されている。『日間瑣事備忘』原文には句読点がないので，適
宜句点を付けて引用する。また，説明に必要と考える場合には，適宜書き下し文とす
る。

7：淡窓は快雨の死去を聞いた天保13年 2 月朔日の日記に「北遊没於越前旅舎。」（『進修
録』巻 3〈増補淡窓全集下巻，思文閣，1971年復刻〉），自叙伝『懐旧楼筆記』巻45の
同日の項に「近年東都ニ遊ヒ，帰路北国ニ過リ，越前ニテ没セリ。」（増補淡窓全集上
巻，思文閣，1971年復刻，同書はすべて句点であるが，一部を読点に改めた。以下同
様）と記す。しかし，『日間瑣事備忘』の記事に拠れば，快雨は越後の糸魚川で亡く
なっている。

8：『淡窓日記』巻19（増補淡窓全集中巻，思文閣，1971年復刻）。『懐旧楼筆記』巻21の
文政 5 年の項にも「文政五年壬午，……　此年入門スル者。　……矢上文卿〈阿波
人〉，……　文卿ハ後ニ行助ト改ム。京師ニ在リテ，儒ヲ業トセリ。」とある（〈　〉内
は割注の部分，以下同様）。

9：『入門簿』巻14（増補淡窓全集下巻）。岡研介は『入門簿』巻 9 に出ている。快雨の紹
介者は「三松静寿」，岡研介の紹介者は「三松斉寿」とある。CD-ROM『咸宜園入門
簿　第四版　hyperlink 版』（日野兄弟会，2011年）に『入門簿』の写真が掲載されて
おり，それを見ると増補淡窓全集下巻記載のとおりである。ここでは三松静寿と三松
斉寿を同一人物と考えた。また，増補淡窓全集下巻所収の『入門簿』は「矢上久卿」
と記載している。しかし，『咸宜園入門簿　第四版　hyperlink 版』収載の『入門簿』
の写真は「矢上文卿」である（文字の解読については，樋口政則氏のご教示を得た）。

10：それぞれ『遠思楼日記』（増補淡窓全集中巻）巻 2・巻 3・巻 6 に出てくる。

11：いずれも『欽斎日暦』（増補淡窓全集中巻）巻 2 に出てくる。〈　〉内は割注の部分，
以下同様。

12：春は入門時には荒木十五郎を名乗っていた。老谷はその号。『日間瑣事備忘』の記事
では，この後，快雨が真意を隠して旭荘に江戸行きの相談に来たことが記され，別な
日に酔っていた春が旭荘に対して，快雨は諸侯に仕える意図があって江戸に行く考え
であることを伝える。春自身はそれを話したことを覚えておらず，快雨と春の秘密が
暴露されたために，後日，誰が快雨の江戸行きの目的を漏らしたのか，と春が非難に
来たという逸話が記されている。それに対して，旭荘はそれを話したのは「春禎助号
老谷者也」であると本人に伝えている。なお，春と淡窓との交流については，拙稿
「近世後期の儒者広瀬淡窓と長崎」（『咸宜園教育研究センター研究紀要』 6，日田市
教育委員会，2017年 3 月）で触れたことがある。

13：『日間瑣事備忘』天保 9 年閏 4 月14日条「行助親友医人日野鼎哉来見。」（『広瀬旭荘全

集』日記篇1，1982年)。

14：前掲『詞華集　日本漢詩』11に拠る。なお，先に引用した『懐旧楼筆記』巻40，天保
　　9年6月6日の項目では『宜園百家詩』初編は2巻（詩人60餘）とあるが，実際には
　　追加がなされ8巻（215人）で刊行されている。また，『宜園百家詩』2編は前掲の3
　　編と共に，嘉永7年に河内屋茂兵衛の群玉堂から刊行されている。

15：『醒斎日暦』（増補淡窓全集下巻）巻16。『懐旧楼筆記』巻40の天保9年10月の項にも
　　「十六日，析玄脱稿セリ。四千三百餘言ナリ。」とある。

16：淡窓に届けられた『析玄』については，この時，旭荘を見送りがてら淡窓が赤間関に
　　行ったこともあってか，淡窓の日記や『懐旧楼筆記』に記していない。しかし，後掲
　　する（天保12年）9月22日付けの辛島春帆に宛てた淡窓の書簡で，「○析玄も刻成
　　候。二部参り候。」と，『日間瑣事備忘』の記事と照応することが述べられている。

17：『廣瀬淡窓　資料集　書簡集成』（大分県先哲叢書，大分県教育委員会，2012年）99頁。

18：前掲『詞華集　日本漢詩』11。

19：前掲『廣瀬淡窓　資料集　書簡集成』102頁。

20：前掲『廣瀬淡窓　資料集　書簡集成』103頁。広瀬青村は咸宜園3代塾主。天保15年
　　に淡窓の養子となるので，この書簡の時には矢野範治を称していた。先述の辛島春帆
　　と同じ天保5年に咸宜園に入塾，『宜園百家詩』初編巻7の春帆の紹介にあった「若
　　中嶋矢野」の矢野である。

21：『日間瑣事備忘』嘉永3年6月8日条には，鼎哉の訃報に接した旭荘が，亡くなった
　　快雨の妻を海屋が後妻に迎えた事を知った自分が海屋と絶交したのに対して，鼎哉は
　　「彼哉」と言うだけで，その他の悪口を一切言わなかったという逸話を紹介してい
　　る。これについては，多治比郁夫氏が「種痘のうた―広瀬旭荘と緒方洪庵―」（『京阪
　　文芸史料』3〈日本書誌学大系89-3，青裳堂書店，2005年〉）で紹介されている。ま
　　た，田中双鶴氏は『貫名菘翁精説・貫名菘翁書画集』（上野書店，1983年）の中で，
　　『京阪当世名家大妙々奇譚』の海屋に対する評を紹介されている。「大上々吉　貫名省
　　吾」の評の中に「(悪口) 矢上の未亡人は仕合せもものだ。」とあることが紹介されてい
　　る。これは，快雨の妻が海屋の後妻になったことが広く知られていたことを示す事例
　　となろう。

22：享保改革と寛政改革の際の出版統制に関しては，今田洋三『江戸の本屋さん―近世文
　　化史の側面―』（平凡社ライブラリー，2009年，初出はNHKブックス，1977年）「Ⅱ
　　元禄文化と出版」「Ⅲ　田沼時代の出版革新」，中野三敏『十八世紀の江戸文芸―雅と
　　俗の成熟―』（岩波書店，1999年）「1　十八世紀の江戸文化」を参照した。

23：天保改革の際の出版統制に関しては，藤田覚『天保の改革』（吉川弘文館，1989年）
　　「第4　天保改革と思想・文化統制」を参照した。なお，金子宏二氏は「宇田川家蔵
　　板物と権利意識について―『地学初歩和解』重板一件にふれて―」（『早稲田大学図書
　　館紀要』41，1995年3月）において「問屋仲間の解散後は，経書類は幕府学問所，医
　　書，科学関係は医学館，天文方に，それ以外は町奉行所の管轄となっていて」と，分
　　野による管轄の相違があったと言われている。

第5章　広瀬淡窓の著述『析玄』出版と咸宜園門下生・矢上快雨　|　*85*

24：須原屋茂兵衛については，前掲今田洋三『江戸の本屋さん―近世文化史の側面―』
　　「Ⅴ　幕末の出版」参照。それによれば，菊池渓琴は本名垣内保定，紀州栖原の人，
　　その先祖は南朝に仕えた肥後菊池氏なので，渓琴は菊池を名乗ったという。また，須
　　原屋北畠氏は垣内氏の家来で，垣内氏と共に河内垣内から紀州栖原に移ってきたこと
　　を紹介している。四代須原屋茂兵衛が垣内氏から養子に入っているという関係もあ
　　る。これらから，須原屋茂兵衛と渓琴が極めて近い間柄にあることがわかる。また，
　　渓琴の詩については，富士川英郎『江戸後期の詩人たち』（筑摩叢書，1973年）で紹
　　介されている。

25：函架番号「家宝15-25」（『広瀬先賢文庫目録』〈広瀬先賢文庫，1995年〉）40頁。この
　　史料閲覧に関して，公益財団法人広瀬資料館の広瀬貞雄理事長・中島龍磨館長・園田
　　大学芸員のご高配に与った。また，この史料の解読についても樋口政則氏のご教示を
　　得た。なお，史料中の上田友助については未詳だが，文久遣欧使節団の一員として，
　　『福翁自伝』に同じ名前の人物が出てくるので参考として挙げる。

26：『懐旧楼筆記』の天保16年（弘化2年）2月11日の項にも，「析玄官許ノコト到来ア
　　リ。此ノ書，上木ノコト，初ヨリ書林ニ委スヘキ所，行助利ヲ計リテ，己レカ蔵板ト
　　セシヨリ，官許ノ沙汰ナシ。彼没後謙吉金ヲ以テ，其板ヲ未亡人ヨリ買ヒ，書林ニ付
　　シテ，世ニ広メ，且官ニ請ヘリ。許多ノ手数ヲ歴テ，始メテ書林ノ板ト並ヒ行ハル丶
　　コトヲ得タリ。此後ノ心得トナルヘキコトナリ。」とある。ここでは，淡窓は快雨に
　　対して批判的な見解を示しているように感じられる。なお，幕府の許可について『日
　　間瑣事備忘』に記事が見られないのは，弘化元年12月に妻松子が逝去（その死を追悼
　　した旭荘の『追思録』で知られる），翌2年1月には自宅で開いた宴会で，客の医師
　　臼井玄仲の刀が無くなり，その対応に忙殺されたことがあるのではないだろうか。

27：『補訂版　国書総目録』5（岩波書店，1990年）。前掲の高橋昌彦『広瀬淡窓』では，
　　嘉永2年6月の日付の版本のあることが紹介されている。なお，高橋氏の『析玄』の
　　書誌に関する説明では，先述のように『日間瑣事備忘』は利用されていない。

28：ここに挙げる諸本に便宜上，アルファベットを付ける。(A)は「国立国会図書館デジタ
　　ルコレクション」で公開されている。
　　http://dl.ndl.go.jp/info:ndljp/pid/2541578,（参照2018-2-10）.
　　(A)は表紙に「学問所改」の印が押されている。また，序の部分に「日益月加無尽蔵」
　　「宜園蔵書」の共に朱印が押されており，もともとは咸宜園の蔵書であったことがわ
　　かる。鈴木理恵氏によれば，大分県日田市の広瀬資料館の広瀬先賢文庫に所蔵されて
　　いる書籍に押されている印記の内，咸宜園関連として「宜園之蔵書」「同社之外雖親
　　戚故人社外不許借覧」「日益月加無尽蔵」「宜園蔵書」の4つがあり，「宜園之蔵書」
　　「同社之外雖親戚故人社外不許借覧」「日益月加無尽蔵」の3つか，「日益月加無尽
　　蔵」「宜園蔵書」の2つが押される組み合わせの多いことが報告されている（「咸宜園
　　蔵書の形成と管理」〈『広島大学大学院教育学研究科紀要　第三部』65, 2016年〉）。

29：劉鶚は咸宜園門下生の劉石舟。劉石舟については前掲中野範『咸宜園出身八百名略伝
　　集』参照。

86 | 第Ⅰ部　江戸の書院・咸宜園

30：(C)は「国立公文書館デジタルアーカイブ」で公開されている。
　　https://www.digital.archives.go.jp/, (参照2018-2-10).
31：(D)は早稲田大学図書館ホームページで公開されている。
　　http://archive.wul.waseda.ac.jp/kosho/bunko17/bunko17_w0178/, (参照2018-2-10).
　　なお，同書は土岐善麿旧蔵書である。
32：菊池海荘の孫で早稲田大学教授であった菊池三九郎（号は晩香）旧蔵書である。
33：(G)も「国立公文書館デジタルアーカイブ」で公開されている。
　　https://www.digital.archives.go.jp/, (参照2018-2-10).
34：(H)は無窮会の書庫整理の際に見たものである。同会の平沼文庫に天保12年版，織田文
　　庫に天保15年版が各1本づつ所蔵されているが，現在，図書館改築のため閲覧するこ
　　とができない。
35：国文学研究資料館に所蔵される1本（請求記号　ヤ5-253）は，見返しに「天保辛丑
　　新鐫」（横書き）とあって，奥付のあるものである。奥付は「大阪心斎橋筋博労町角
　　河内屋茂兵衛」他7肆が記されている。これも実見したが，今まで述べてきた2種類
　　の版本とは異なっており，これについては今後の課題としたい。なお，「新日本古典
　　籍総合データベース」で公開されている。
　　https://kotenseki.nijl.ac.jp/, (参照2018-2-10).

第II部
現代の図書館

第1章

学校図書館における情報サービスの
意義と重要性

1．はじめに

　学校図書館の機能については，「読書センター」「学習・情報センター」とい
う位置付けから[1]，今日では「読書センター」「学習センター」「情報センター」
という位置付けに移行してきていると見ることができよう。このことは，2014
年3月に発表された「これからの学校図書館担当職員に求められる役割・職務
及びその資質能力の向上方策等について（報告）」にも示されている。同報告
では，学校図書館にはこれら3つの機能があるとした上で，「情報センター」
の機能については，「図書館資料を活用した児童生徒や教員の情報ニーズへの
対応」「情報活用能力の育成のための授業における支援等」と説明されてい
る[2]。これは，レファレンスサービスを中核とする情報サービスのことを指し
ていると見ることができる。

　従来の学校図書館への関心や観点は，「子どもの読書活動の推進に関する法
律」（平成13年法律第154号）の影響もあり，読書活動の側面への比重が最も大
きく，次いで学習活動の側面があり，それらに比べて，情報サービスの方面に
は，あまり注意が払われてこなかった傾向があるのではないだろうか。そこ
で，本稿では学校図書館における情報サービスの機能に注目して，その意義と
重要性を考察してみたい[3]。

2．情報サービスとは何か

　まず，情報サービスとは何かを確認することから始める。難しいことに，今

もって，情報サービスの定義には振幅があり，レファレンスサービスとの関係についても諸説が併存している。『図書館情報学用語辞典』から「情報サービス」の項目を引用する[4]。

　⑴図書館の情報提供機能を具体化するサービス全般。レファレンスサービスがこれにあたる。⑵レファレンスサービスを高度に，あるいは能動的に伸展させた各種のサービス。オンライン検索，CD-ROM 検索，SDI，カレントアウェアネスといったサービスが相当する。⑶図書館が情報を扱う機関であるとの認識から，図書館が実施するサービス全体。

このように，情報サービスに対する考え方が3つ示されている。

　このような定義の振幅には，わが国ではアメリカの影響を受けながら，レファレンスサービスから情報サービスへと用語が変遷してきたという事情がある。このことについて根本彰氏は，かつて1996年の図書館法施行規則の改定により示された司書講習のカリキュラムに「情報サービス概説」が新設された時のことに触れ，

　アメリカでは従来レファレンスサービス（reference service）と呼ばれていたものは，1970年代からコンピュータを用いたデータベース検索が取り入れられるにつれて，レファレンス情報サービス（reference & information service），情報サービス（information service）と名称を変えていった。そもそもアメリカの場合，資料以外の情報を広く探索して提供することが一般的に行われていたから，サービス内容が各種の情報機器を使用したものに変化していくことには抵抗がなかったといえるだろう。ともかくアメリカにおけるレファレンスサービスから情報サービスへの変化が，司書講習カリキュラムの変化に反映されていることは間違いない。名称がこのように変わっていったことについて，わが国において概念を曖昧にしたといえなくもない。というのは，レファレンスサービスは図書館独特の概念であることは明らかであるが，情報サービスとなるとあらゆる領域で用いられる言葉であり，途中にアメリカで見られたような漸進的な名称の変化がなかったからである。

と述べている[5]。

また，小田光宏氏は「1990年代になって，それまで用いられていた『レファレンスサービス』に代えて，『情報サービス』を用語として使う傾向が強まっている」と述べ，先に掲げた『図書館情報学用語辞典』の(1)の説，すなわちレファレンスサービスと同じとする立場に立つことを小田氏は提言している[6]。

それに対して，大串夏身氏は「図書館の利用者の情報要求に対して，それらの情報が得られるように，図書館及び図書館員が援助するサービス。それには援助を効果的に実現できるように情報源を収集・整理したり，加工して，準備するサービスも含まれる」と情報サービスを定義して，さらに次の4つを挙げている[7]。

　　(1)利用者から質問を受け，図書館及び図書館員が図書館の情報源で回答し，それらを提供または紹介したりするレファレンスサービス，(2)利用者の情報要求に対して図書館の情報源を使って回答できない時，他の図書館や情報機関などを紹介するレフェラルサービス，(3)利用者の情報要求を想定してインターネットなどを通して生涯学習情報その他の情報を提供するサービス，(4)情報源を収集・整理し，開架書架に配架したり，インターネット上にリンク集を作って利用者に提供するサービスなどがあげられる。

大串氏の定義は，情報サービスについてレファレンスサービスを基調とするという小田氏の見解を延長させて，レフェラル・サービスやカレントアウェアネスサービスなど，発信型情報サービスと呼ばれるものを加えた考え方と見ることができよう。筆者はこの大串氏の見解を支持し，レファレンスサービスに加えレフェラル・サービスやカレントアウェアネスサービスなどを加えたものとして，情報サービスを捉えることとする[8]。

3．学校図書館と情報サービス

次に，学校図書館と情報サービスとの関係を考えてみる。前述のように，情報サービスの内容は多岐にわたり，大串氏の挙げる4つの具体的なサービスの他に，「情報源を収集・整理したり，加工して，準備するサービス」というそ

れらを支える間接的なサービスも含まれるので，実に広範囲に及ぶサービスである。また，情報サービスには館種を越えた図書館共通の部分があるのみならず，館種により性質を異にする部分もある。そこで，この点について，公共図書館と比較することを通して考えてみたいと思う。

　学校図書館と公共図書館とに共通する点としては，生涯学習社会を迎えそれへの対応が意識され，また要請されていることが挙げられるであろう。国際化社会・情報化社会が到来し，既成の価値観では解決することが難しい諸課題が各人に押し寄せている。あるいは，知識を既成の伝達されるものとして捉えるのではなく，未知の事柄を学びそこから得た新しい知見に興味や感動を覚える人々も増えている。これらが示すように，今日，一生が学習であるという認識が広がってきている[9]。

　これに関して公共図書館への提言として，2001年の『公立図書館の設置及び運営上の望ましい基準』施行の後を受けて，2006年に発表された『これからの図書館像―地域を支える情報拠点をめざして―（報告）』[10]がある。その中では

　　　今日，我が国においては，財政難，少子高齢化や地方分権，国際化の進展等の様々な課題や変化に直面しており，これらの課題解決のため，多角的な視野からの様々な知識や情報が必要となっている。特に，地方公共団体においては，地域の状況に応じた独自の政策立案が求められている。

　　　また，様々な制度の変化が激しく，技術の革新も急速であるため，社会人の持つ知識が急速に古くなり，必要な知識の範囲も広がり，新たな知識を常に学習し続けることが必要となっている。さらに，雇用制度や雇用形態の多様化により，職業生活の中で職業上の知識や技術を学び直すことがたびたび必要になっている。

　　　このような状況の中，今後の社会では，自己判断・自己責任の傾向が強まると考えられ，適切な判断を行うには，判断の参考になる情報を収集し，絶えず学習することが必要となる。

と述べられている。

　ここに示されているような自らの課題を解決するために適切な情報を収集・選択する場として，情報サービスを提供する公共図書館がある，とする考え方

は，学校図書館の情報サービスにおいても同様であろう。これは，現行の学習指導要領の理念である「生きる力」を育むこととも深くつながる。「生きる力」は，1996年の中央教育審議会第一次答申『21世紀を展望した我が国の教育の在り方について』で打ち出された理念である。そこでは，

> 我々はこれからの子供たちに必要となるのは，いかに社会が変化しようと，自分で課題を見つけ，自ら学び，自ら考え，主体的に判断し，行動し，よりよく問題を解決する資質や能力であり，また，自らを律しつつ，他人とともに協調し，他人を思いやる心や感動する心など，豊かな人間性であると考えた。たくましく生きるための健康や体力が不可欠であることは言うまでもない。

と説明されている。さらに，「[生きる力]をはぐくむということは，社会の変化に適切に対応することが求められるとともに，自己実現のための学習ニーズが増大していく，いわゆる生涯学習社会において，特に重要な課題であるということができよう」と述べられている[11]。

このことは，先に挙げた「これからの学校図書館担当職員に求められる役割・職務及びその資質能力の向上方策等について（報告）」にある「情報活用能力の育成」ともつながる問題である。情報活用能力は，情報リテラシー・メディアリテラシー・メディア活用能力などともいわれる。この点では，児童・生徒の情報活用能力を育成するために学校図書館ではなるべく本人に調査させる方針を重視するというのは，その性格が公共図書館よりも色濃く，公共図書館と異なっている点であるといえよう。

さらに情報サービスという角度から学校図書館と公共図書館との比較を続けると，利用者の質問の意図や真意を汲み取り，その情報要求に対する的確な情報源や情報を提供することの重要性も共通している。その意味において，図書館と利用者との直接的なやりとりであるレファレンスインタビューが大きな役割を果たすことが，従来から指摘されている[12]。

しかし，この方面でも学校図書館には公共図書館と異なる特質がある。その1つが，利用者を特定できるか否かという点である。公共図書館は利用者が不特定多数であるのに対して，学校図書館はその主な利用者を児童・生徒及び教

員に特定することが可能である[13]。その２としては，質問内容の傾向である。公共図書館における質問は多様であり，予測することの難しいものが多いのに対して，学校図書館はその学校の教育課程に関連した問題への質問の多いことが考えられる。

このことは司書教諭や学校司書などの学校図書館担当者が[14]，児童・生徒や教員と平素から緊密なコミュニケーションを形成しておくことの重要性を意味している。次節以降で，学校図書館の利用指導と児童・生徒及び教員とのレファレンスインタビューなどのコミュニケーションに問題を絞り，これらを考察して若干の私見を述べることとする。

４．児童・生徒の情報リテラシー育成と 学校図書館における情報サービス

情報サービスの中核であるレファレンスサービスにおける利用者への回答内容に関する２つの考え方を，小田光宏氏は次のように説明している[15]。

> アメリカにおけるレファレンスサービスの論争の一つに，information vs instruction がある。……　現在では，レファレンスサービスを成立させる二大機能として，双方が必要と考えられている。すなわち，レファレンスサービスには，利用者に情報そのものを提供するはたらきがある一方で，利用者の情報を探す行動を支援するための指導を行うはたらきがある，という認識である。

> この二つの機能に基づく活動は，利用者からの質問に対する回答の提供と，利用にかかわる案内として対比されてきた。すなわち，「質問回答サービス」と「図書館利用教育」という展開である。この対比は今でも有効であるが，前者に「情報検索」を，後者に「情報活用能力の育成」を位置づけると，現代的な対比の状況が鮮明になる。

ここに見える２つの回答内容の内，後者「利用にかかわる案内」が，学校図書館における情報サービスの中で，児童・生徒に対するものとして大きな意味を持つと考えられる。これは，児童・生徒が持っている疑問に直接的な回答を与

えることを避け，自分自身で調査を行う方向性を尊重することと重なる。

　小田氏のいう「図書館利用教育」（学校図書館では利用指導と呼ばれることも多い[16]）「情報活用能力の育成」は，情報リテラシーという言葉で表現されることも多くなっている。そのことを，ここで確認しておこう。野末俊比古氏は「図書館において，『情報リテラシー』という概念が用いられることが増えています」と述べ，「図書館は，以前から，オリエンテーションや講習会など，『利用教育』（library use education）と呼ばれる取り組みを実施してきました」とした上で，次のようにいう[17]。

　　「利用教育」は「図書館利用教育」「利用者教育」「利用指導」などともいう。館種などによって，用いられる用語や，その意味するところには違いもあるが，本稿ではそれらを包括する用語として「利用教育」を用いている。

さらに野末氏は，

　　（狭い意味，古い意味での）利用教育は，「図書館利用者に対して図書館の効果的・効率的な使い方を伝える」という，いわば図書館の内部的な事情に基づいています。これに対して，情報リテラシー教育（という枠組みの中で実施される利用教育）は，「利用者に対して情報リテラシーの習得・向上を支援する」というコミュニティとしての取り組み，つまり図書館にとっては外部的な要請に対応するものとなります。

と述べている。この見解に従えば，学校というコミュニティにおいて，学校図書館を利用して児童・生徒の情報リテラシーの育成が図られることになる。

　そもそも情報リテラシーという言葉が初めて使われたのは，1974年のアメリカ情報産業協会（Information Industry Association）のザコウスキー会長（Zukowski, P.C.）によるものであるという[18]。情報リテラシーについて三輪眞木子氏は，「さまざまな情報行動を通じて情報を獲得し，それを知識に組み込んで問題を解決し目標を達成する。そのために必須の情報スキル」と説明している[19]。また，堀川照代氏は「情報を使う力であり学び方を知ること」，と情報リテラシーを簡潔に定義している[20]。この情報リテラシーが1986年の臨時教育審議会第2次答申で情報活用能力という用語として登場し，そこでは「情報

及び情報手段を主体的に選択して活用していくための個人の基礎的な資質」と定義された[21]。これはまた，司書教諭講習科目の「学習指導と学校図書館」などのテキストで説明されるメディア活用能力とも対応している[22]。

　情報リテラシーに関連して情報探索プロセスの研究が進められ，その中の1つとして，クールソーまたは（クールトー，C. C. Kuhlthau）による，高校生のレポート作成過程を観察とインタビューとから考察した研究が知られている。そこでは，教師から宿題を与えられた高校生が，課題の設定から始まり，次第に課題の焦点を定め，そのための情報収集を行い，レポートを執筆するまでの過程を，本人の不安や落胆，あるいは最終的に執筆することで安堵する，などの感情などをも考察の対象として分析するという特徴を持っている[23]。

　このような過程はまさに，現在，探求的な学習が重視されている総合的な学習の時間に関して，堀川照代氏が挙げている文部科学省の『今，求められる力を高める総合的な学習の時間の展開』の4つの段階に照応するものである。すなわち，1.課題の設定，2.情報の収集，3.整理・分析，4.まとめ・表現の4つである[24]。

　学校図書館担当者は，学校図書館の機能を活かした児童・生徒への情報サービスが，情報リテラシーの育成と深くつながっていることを，今まで以上に意識することが要請されているのではないだろうか。情報リテラシーの育成は，学校図書館で伝統的に利用指導と呼ばれているものでもある。これは学校図書館の利用方法，あるいは情報機器の操作方法というものだけではなく，先に挙げた課題の設定から表現（レポート作成など）に至る一連の過程を児童・生徒に指導することである。いまだ確立されていないと思われるこの過程の指導方法，あるいはその指導の意義を，学校図書館担当者は深く意識することが必要なのではないだろうか。それはまた，他の教員にその意義を知らせ，学校図書館を利用した授業の必要性を伝えていくこととも連動している。

5．教員及び児童・生徒とのコミュニケーションと
##　　学校図書館における情報サービス

　先述のように，情報サービスにおいて，利用者の質問から真意を汲み取ることの重要性が指摘されている。このことを学校図書館で考えてみると，利用者の質問を待つだけではなく，利用者である教員及び児童・生徒への働きかけも大切であろう。そのためには平素から，学校図書館担当者が個々の教員が何を教え，また児童・生徒は何を学んでいるのかを把握すること，そのためには学校図書館担当者が，教員及び児童・生徒とのコミュニケーションを図ることが求められるであろう。

　その点で示唆に富むのが，鎌田和宏氏を主査とした国際子ども図書館のプロジェクトによる実践研究の報告である[25]。それは１つの小学校と２つの中学校の合わせて３つの学校における社会科の授業において，研究者・授業担当の教員・学校図書館担当者・国際子ども図書館職員（この場合，公共図書館員の役割として参加）が協働して，調べ学習用のブックリストを作成・活用・評価するという取り組みであった。この３つの学校は，学校司書の配置や所在する自治体の支援の有無など，学校図書館をめぐる状況は一様ではない。しかし，その結果として指摘されていることは興味深い。その報告の概要からいくつかを取り上げると[26]，「小中学校の授業は，各教科単元の学習内容だけでなく，授業を行う教員，授業を受ける児童生徒，指導法などの構成要素が個々に違うため，授業自体も一つ一つ異なっている」とあり，個々の授業が指導する教員の個性や参加者の児童・生徒の状況により同一ではないと指摘している。したがって，授業に必要な学習用資料セットを貸し出すという取り組みについても，そのセットの中身を授業に応じて修正する必要性が説かれている。

　また，調べ学習の捉え方についても，授業担当の教員がその授業を効果的に進めるための学習と捉える傾向があるのに対して，学校図書館担当者や図書館員は，調べ方として捉える傾向があることも指摘されている。そのため，調べ学習用の選書基準も，授業担当の「教員は，選書基準として，当該単元に適し

た情報が掲載されていることを重視し，図書館員は適切な索引の存在や出版年の新しさなどの方を重視して」いたという相違が述べられている。

　これらのことから，この実践研究では，授業担当の教員と図書館員が授業前に打ち合わせを行う大切さを指摘している。これは先述のように，学校図書館担当者が各教員とのコミュニケーションを図り，どのような授業を進めているのかを把握しておくことが必要であることを示唆している。そのことはまた，児童・生徒が学んでいる内容を，学校図書館担当者が深く理解することともつながる。それは，教員及び児童・生徒という学校図書館利用者の情報要求を認識することにもなり，その質問を待つだけではなく利用者に積極的に働きかけることともつながるだろう。

6．おわりに

　本章では，学校図書館における情報サービスについて，児童・生徒の情報リテラシーの育成という問題と学校図書館の主たる利用者である教員と児童・生徒からの情報要求に基づく質問の問題の2点に絞って考察を加えた。

　その内，前者の情報リテラシーは，情報活用教育・メディアリテラシー・メディア活用能力などともいわれる。また，その育成は，学校図書館では利用指導と呼ばれることが多く，図書館利用教育ともいわれる。これは，利用者の情報要求を利用者自身が解決するという方向性を持ち，利用者の質問への直接的な回答を留保するという立場をとる。これは，学校での調べ学習などにおける，課題の設定からそれについてまとめ発表するという一連の過程の学習において習得することと重なる。児童・生徒が調べ学習において自分で調べることを重視して，学校図書館担当者はその調査を支援するという方向性である。これは辞典の引き方など情報源の使用法などを教えることにとどまらないこと，児童・生徒が課題設定から発表までに至る過程の学び方を習得することの意義とそのための支援を行う役割を担うこと，これらを司書教諭・学校司書などの学校図書館担当者が深く認識することの必要性を述べた。また，そのことは他の教員も同じ認識を共有することが必要なこと，そのためには平素からのコ

ミュニケーションの形成が求められることについても触れた。

　後者の教員と児童・生徒からの情報要求に基づく質問の問題は，その質問の真意をとらえることの重要性が従前から指摘されているが，ここでは問いを待つばかりではなく，学校図書館担当者が教員及び児童・生徒に働きかけ，その情報要求を知ろうとすることに努めることの必要性を指摘した。その意味において，鎌田和弘氏を主査とする国際子ども図書館のプロジェクトによる実践研究に注目した。同調査では，それぞれの授業は，授業担当者の個性などにより従業展開が一様ではないことが指摘され，したがって一律の教材セットを用意するだけではなく，個々の授業に対応してそのセットを修正する必要性が提示されている。また調べ学習の捉え方においても，授業担当者はその授業に有効な情報源という観点，学校図書館担当者は調べ方の案内の観点，でとらえていたことが報告されている。このことは，学校図書館担当者が他の教員の個々の授業で具体的に何を教えているのかを把握しておく必要のあることを示唆していると述べた。それはまた先の情報リテラシーの育成の問題と同様に，平素からのコミュニケーションの形成が大切であることを指摘した。それにより，教員及び児童・生徒の情報要求を知ることにもつながり，質問が寄せられた場合にも，その真意を把握することともつながると考えた。

　本章で考察を試みた問題は，今後も継続的にさらに考究すべき点が多い。それらについては，今後の課題としたい。

注

1：例えば，図書館教育研究会編『新学校図書館通論』（三訂版，学芸図書，2009年）では，「1.1.2　学校図書館の機能」「2.4.3　学習・情報センターとしてのメディアの配置」「2.4.4　読書センターとしてのメディアの配置」「3.2.2　学習指導における学校図書館利用の目的」などで，学校図書館を「読書センター」「学習・情報センター」として位置付けている。

2：学校図書館担当職員の役割及びその資質の向上に関する調査研究協力者会議「これからの学校図書館担当職員に求められる役割・職務及びその資質能力の向上方策等について（報告）」（2014年3月）。ここでは，同報告のポイントから引用した。
　http://www.mext.go.jp/component/b_menu/shingi/toushin/__icsFiles/

afieldfile/2014/04/01/1346119_1.pdf,（参照2014-12-1 ）.

3 ：本章の考察する学校図書館は，市区町村立学校の学校図書館を念頭に置いている。

4 ：日本図書館情報学会用語辞典編集委員会編『図書館情報学用語辞典』（第 4 版，丸善，2013年）。

5 ：根本彰「公共図書館における情報サービスの課題と問題点」(http://panflute.p.u-tokyo. ac.jp/ ～ anemoto/text/PLNG//nemoto.html, 参照2014-12-1)。なお，これは「公共図書館電子化プロジェクト」の第 1 回公開シンポジウム「公共図書館と電子メディア利用」(1999年 3 月 5 日）の報告である。

6 ：小田光宏「レファレンスサービスの現代的課題─図書館員に必要な能力としての認識─」（『医学図書館』47- 2 ，2000年 6 月）。小田氏は「現状を考慮すると，(1)の意味を基調にしたほうが，さまざまな議論が単純化できて都合がよい。すなわち，『図書館では，レファレンスサービスという名称を用いて，情報サービスを実践している』という前提に立つことを勧めたい」と述べている。

7 ：大串夏身編著『情報サービス論』（新訂版，新図書館情報学シリーズ 5 ，理想社，2008年）。

8 ：この情報サービスに関する定義については，拙稿「学校図書館と公共図書館の情報サービスにおける協力の動向と今後への提言─学校図書館側からの協力という視点を中心として─」（『十文字学園女子大学短期大学部研究紀要』45，2015年 3 月，本書第Ⅱ部第 2 章に収録）においても取り上げた。なお，カレントアウェアネスサービスは，前掲『図書館情報学用語辞典』で「図書館その他の情報機関が利用者に対して最新情報を定期的に提供するサービス。コンテンツサービス，新着図書目録の配布，SDI などの形態がある。（後略)」と説明されている。また，SDI についても同辞典で，「要求に応じて，特定主題に関するカレントな情報を検索して，定期的に提供する情報サービス。選択的情報提供と訳されることが多い。（後略)」と説明されている。

9 ：この情報サービスと生涯学習社会との関連についても，前掲拙稿「学校図書館と公共図書館の情報サービスにおける協力の動向と今後への提言─学校図書館側からの協力という視点を中心として─」で取り上げた。またこのことに関連して一例を挙げれば，高齢者の活発な図書館利用を生涯学習社会との関連で捉えることができる。江澤和雄「『超高齢社会』における高齢者の学習支援の課題」（『レファレンス』751，2013年 8 月）参照。

10：これからの図書館の在り方検討協力者会議『これからの図書館像─地域を支える情報拠点をめざして─（報告)』(2006年)「第 2 章　提案これからの図書館の在り方」「 1 ．公立図書館をめぐる状況」「(2)社会の変化」。http://warp.da.ndl.go.jp/info:ndljp/pid/286184/www.mext.go.jp/b_menu/houdou/18/04/06032701.htm,（参照2014-12-01).

11：中央教育審議会第一次答申『21世紀を展望した我が国の教育の在り方について』(1996年)。http://www.mext.go.jp/b_menu/shingi/chuuou/toushin/960701.htm,（参照2014-12-1). また，坂田仰・河内祥子編著『教育改革の動向と学校図書館』（八千代出版，2012年)「第12章　生涯学習社会の中の学校図書館」では，「「[生きる力］という

生涯学習の基礎的な資質の育成を重視する」ことが，生涯学習社会における学校教育の在り方の基本とされていることを忘れてはならない」と指摘している（小桐間徳執筆）。

12：齋藤泰則『利用者志向のレファレンスサービス―その原理と方法―』（勉誠出版，2009年）参照。なお，最近ではレファレンスインタビューには，電話やEメールによる問い合わせも増えているが，ここでは利用者が直接図書館に来館して，その利用者に対して図書館員がレファレンスインタビューを行うことを想定している。

13：近年では地域社会への開放や連携という動きから父母や地域住民の利用も考えられるが，ここでは利用者を児童・生徒と教員に限定して考察する。

14：前掲の「これからの学校図書館担当職員に求められる役割・職務及びその資質能力の向上方策等について（報告）」では，学校図書館担当職員という用語が使用されているが，ここでは従来から使われている学校司書という言葉を用いる。

15：前掲小田光宏「レファレンスサービスの現代的課題―図書館員に必要な能力としての認識―」。

16：利用指導という用語については，堀川照代「学校図書館利用指導の現状と課題」（『島根女子短期大学紀要』30，1992年3月）参照。

17：日本図書館協会図書館利用教育委員会編『情報リテラシー教育の実践―すべての図書館で利用教育を―』（JLA図書館実践シリーズ14，日本図書館協会，2010年）「2章 情報リテラシー教育をめぐる理論―『指導サービス』実践に向けた基盤として―」（野末俊比古執筆）。

18：三輪眞木子『情報検索のスキル―未知の問題をどう解くか―』（中公新書，2003年）176頁。

19：前掲注18。

20：堀川照代「学校図書館を活用した教育／学習の意義」（『明治大学図書館情報学研究会紀要』3，2012年）9頁。

21：前掲堀川照代「学校図書館を活用した教育／学習の意義」。

22：例えば前掲『新学校図書館通論』の「3.3.1 メディア活用能力の意義と目的」（天道佐津子執筆）では，「児童・生徒がメディアや情報を的確に選んで利用する能力，メディアによって学び，課題を解決できる能力」と説明している。

23：前掲三輪眞木子『情報検索のスキル―未知の問題をどう解くか―』，塩見昇編著『教育を変える学校図書館』（風間書房，2006年）「第3章 期待と信頼を寄せる学校図書館―実践校にみる課題―」（森田英嗣執筆）参照。

24：前掲堀川照代「学校図書館を活用した教育／学習の意義」。ここでは『今，求められる力を高める総合的な学習の時間の展開（中学校編）』（2010年）第1編第2章「探求的な学習における学習指導」を参照した。http://www.mext.go.jp/a_menu/shotou/sougou/1300534.htm，（参照2014-12-1）。

25：『図書館による授業支援サービスの可能性―小中学校社会科での3つの実践研究―』（国際子ども図書館調査研究シリーズ2，2012年）。

26：「学校図書館との連携による授業支援サービス―国際子ども図書館の調査研究プロジェクト講演会から―」（『国立国会図書館月報』622〈2013年1月〉）。

第2章

学校図書館と公共図書館の情報サービスにおける協力の動向と今後への提言
―学校図書館側からの協力という視点を中心として―

1．はじめに

　現在，学校図書館と公共図書館との連携協力が，各自治体において急速に進められている。しかし，レファレンスサービスを中核とする情報サービスという面では，両者の協力はこれからの課題であろう。そもそも公共図書館において，閲覧・貸出業務の優先により情報サービスは後方に置かれてきたという側面がある。まして，学校図書館における情報サービスの意義や重要性は，十分に認識されてこなかったのが現状ではないだろうか。

　そこで，本稿では，情報サービスに関する学校図書館と公共図書館との連携協力という問題に焦点を当て，検討を加えてみることとしたい。考察の順序として，現在も考え方に振幅のある情報サービスの定義の確認から始める。次に，情報サービスには学校図書館と公共図書館とで共通する部分，学校図書館独自の部分があると考えられるので，そのことを検討する。次いで，学校図書館と公共図書館との連携協力の問題に入る。それについては，岩崎れい氏の論考がある[1]。岩崎氏は，学校図書館と公共図書館との協力は国の施策との関係もあって活発になりつつあるが，それは専ら公共図書館側から学校図書館の不足を補う支援が中心であることを指摘している。岩崎氏はさらに，両者の連携，とりわけ学校図書館の側からの連携がほとんど見られないこと，また，その観点からの研究もほとんどないことを指摘している。岩崎氏の論考を参照しながら，現在，学校図書館と公共図書館との間には，どのような連携協力が進められているのかを考察する。それを踏まえ，学校図書館と公共図書館との連

第2章　学校図書館と公共図書館の情報サービスにおける協力の動向と今後への提言　|　*103*

携協力を，情報サービスの角度から眺め，その現状と展望，特に学校図書館側から公共図書館側に働きかけ協力することができることは何か，ということについていささか私見を述べてみたい。

2．情報サービスの定義

　先述のように，情報サービスの定義には振幅があり，レファレンスサービスとの関係についても諸説が併存しているのが現状である。その一例として，『図書館情報学用語辞典』から「情報サービス」を引用する[2]。

　　⑴図書館の情報提供機能を具体化するサービス全般。レファレンスサービスがこれにあたる。⑵レファレンスサービスを高度に，あるいは能動的に伸展させた各種のサービス。オンライン検索，CD-ROM 検索，SDI，カレントアウェアネスといったサービスが相当する。⑶図書館が情報を扱う機関であるとの認識から，図書館が実施するサービス全体。

ここでは，情報サービスに対する3つの考え方を列挙している。

　このような定義の振幅には，アメリカの影響を受けながら，わが国ではレファレンスサービスから情報サービスへと用語が変遷してきたという背景がある。これについて，小田光宏氏は「1990年代になって，それまで用いられていた「レファレンスサービス」に代えて，「情報サービス」を用語として使う傾向が強まっている」と述べ，前掲の『図書館情報学用語辞典』の説明を引用した後で次のように述べている[3]。

　　　これらはいずれも，図書館情報学関係の文献で見ることのできる用法であり，前後の文脈によって微妙に使い分けられていたりもする。ただし，アメリカにおける用語の変遷をたどると，⑴の意味合いが強い。これは，かつては reference service が使用されており，それが reference and information service と呼ばれるようになり，やがて information service となった状況の結果である。日本の場合，こうした意味での変遷は確認できないが，現状を考慮すると，⑴の意味を基調にしたほうが，さまざまな議論が単純化できて都合がよい。すなわち，「図書館では，レファレンス

サービスという名称を用いて，情報サービスを実践している」という前提に立つことを勧めたい。

これは『図書館情報学用語辞典』の(1)，すなわち情報サービスはレファレンスサービスに当るとする考え方を基調にするという見解である。

それに対して，大串夏身氏は『情報サービス論』の「第1章　情報サービスとは何か」において[4]，情報サービスに関する諸説を紹介し，(1)として『公立図書館の設置及び運営に関する基準（報告）』を挙げ[5]，その中の「第2章　市町村立図書館」の「3　情報サービス」の定義を次のように引用して，

　　他の図書館等と連携しつつ，住民の求める事項について資料及び情報の提供又は紹介などを行うレファレンス・サービスやレフェラル・サービス等の充実・高度化に努めるとともに，地域の状況に応じ，生涯学習情報その他の情報の提供を行うよう努めるものとする。

大串氏は，「本書では，定義として(1)の考えを基本として採用している」と述べている。それを踏まえて，同書は「図書館の利用者の情報要求に対して，それらの情報が得られるように，図書館及び図書館員が援助するサービス。それには援助を効果的に実現できるように情報源を収集・整理したり，加工して，準備するサービスも含まれる」と情報サービスを定義した上で，それを具体化するものとして次の4つを挙げている。

　(1)利用者から質問を受け，図書館及び図書館員が図書館の情報源で回答し，それらを提供または紹介したりするレファレンスサービス，(2)利用者の情報要求に対して図書館の情報源を使って回答できない時，他の図書館や情報機関などを紹介するレフェラルサービス，(3)利用者の情報要求を想定してインターネットなどを通して生涯学習情報その他の情報を提供するサービス，(4)情報源を収集・整理し，開架書架に配架したり，インターネット上にリンク集を作って利用者に提供するサービスなどがあげられる。

大串氏の定義は，小田氏のレファレンスサービスを基調とする情報サービスの見解を延長させ，レフェラル・サービスなどを加えたものとする考え方であるといえよう。筆者は，この大串氏の見解を支持する。そこで本稿では，レ

第 2 章 学校図書館と公共図書館の情報サービスにおける協力の動向と今後への提言 | *105*

ファレンスサービスに加えレフェラル・サービスやカレントアウェアネスサービスなどを加えたものとして，情報サービスを捉えることとする[6]。

3．学校図書館における情報サービス

次に，情報サービスにおける学校図書館と公共図書館とで共通する部分，また，公共図書館とは性質を異にする情報サービスにおける学校図書館独自の部分について考えてみたい。

冒頭に触れたように，今までわが国の公共図書館は，資料の貸出を優先する方針が採られてきた。それには，『中小都市における公共図書館の運営』[7]とその一般向け冊子ともいうべき『市民の図書館』[8]の提案の影響が大きい。そうした中で，近年，情報サービスを重視する潮流が現れ，それは国の施策にも示されている[9]。

それでは，情報サービスを公共図書館活動の大きな柱とすべきである，という考え方はなぜ出てきたのであろうか。その一つの要因は，生涯学習社会を迎えていることにある。従来，学習は学校教育において行われ，その終了と共に完結するという認識が一般的だったのではなかろうか。それが，国際化社会・情報化社会を迎え，自分自身に押し寄せる諸課題を自分で解決するため，また未知の事柄を学ぶことに興味や感動を受けることなどから，一生が学習であるという認識が広がっているといえよう。このことは，2001年の『公立図書館の設置及び運営上の望ましい基準』施行の後を受けて発表された『これからの図書館像―地域を支える情報拠点をめざして― (報告)』[10]に，

今日，我が国においては，財政難，少子高齢化や地方分権，国際化の進展等の様々な課題や変化に直面しており，これらの課題解決のため，多角的な視野からの様々な知識や情報が必要となっている。特に，地方公共団体においては，地域の状況に応じた独自の政策立案が求められている。

また，様々な制度の変化が激しく，技術の革新も急速であるため，社会人の持つ知識が急速に古くなり，必要な知識の範囲も広がり，新たな知識を常に学習し続けることが必要となっている。さらに，雇用制度や雇用形

態の多様化により，職業生活の中で職業上の知識や技術を学び直すことが
たびたび必要になっている。

このような状況の中，今後の社会では，自己判断・自己責任の傾向が強
まると考えられ，適切な判断を行うには，判断の参考になる情報を収集
し，絶えず学習することが必要となる。

とあることにも見えている。図書館は利用者の多様な要請に応えるために，貸
出だけではなく情報サービスにも力を入れていくべきである，という提言がこ
の報告ではなされている。

このような，各人が自らの課題を解決するために適切な情報を収集・選択す
る場として情報サービスを提供する公共図書館がある，という考え方は，学校
図書館の情報サービスも全く同じであるといえよう。これは情報リテラシー，
あるいは学校図書館界でいうメディア活用能力の育成とつながる[11]。それはま
た現行の学習指導要領の理念である「生きる力」を育むこと，と深くつながる
ものである。「生きる力」は，1996年の中央教育審議会第一次答申『21世紀を
展望した我が国の教育の在り方について』で打ち出された理念である。

我々はこれからの子供たちに必要となるのは，いかに社会が変化しよう
と，自分で課題を見つけ，自ら学び，自ら考え，主体的に判断し，行動
し，よりよく問題を解決する資質や能力であり，また，自らを律しつつ，
他人とともに協調し，他人を思いやる心や感動する心など，豊かな人間性
であると考えた。たくましく生きるための健康や体力が不可欠であること
は言うまでもない。

と説明され，「[生きる力]をはぐくむということは，社会の変化に適切に対応
することが求められるとともに，自己実現のための学習ニーズが増大してい
く，いわゆる生涯学習社会において，特に重要な課題であるということができ
よう」と述べられている[12]。この理念が，1998年改訂の『学習指導要領』，さ
らに現行の『学習指導要領』の基本となっている考え方である[13]。

次に学校図書館の情報サービスとして，公共図書館と異なるのはどのような
点であるかを考えてみよう。まず利用者が公共図書館は不特定多数であるのに
対して，学校図書館は児童生徒・教職員と特定されている点である。これは，

利用者の対象が絞りやすいことになる。また，利用者の相違と関連して，利用者の疑問や直接投げかけられる質問内容も，公共図書館が多岐にわたるのに対して，学校図書館はその学校の教育課程に関連した問題が多いという相違がある。これについて，学校では毎年同じ時期に同じ内容の教育内容が取り上げられる場合が多いことから，予測して準備することが可能なこと，学校図書館の側から児童生徒・教職員に対して情報サービスに関して発信できることが指摘されている[14]。

さらに，学校図書館における児童・生徒に対する情報サービスは，教育・指導という観点から，なるべく児童・生徒自身に調査をさせて，質問への直接回答を留保する傾向やその必要性が説かれているのも，公共図書館とは異なる点であろう。この点を堀川照代氏は，前掲『図書館情報学用語辞典』から，「レファレンス・サービス」の項目を取り上げ，説明文中の「利用案内（指導）」「情報あるいは資料の提供」の2つに触れ，

> その本を探す方法として目録の使い方を教えたり，百科事典の使い方や索引の意味などを教えて，質問者が自ら調べて求める情報や資料にたどりつくことができるように支援する場合がある。これを利用案内（指導）という。……
>
> 学校図書館では通常，児童・生徒の情報活用能力の育成という点から利用案内（指導）機能が大切にされる。……
>
> なお，利用案内（指導）は，大学図書館では「利用（者）教育」「文献利用指導」「図書館利用教育」，公共図書館では「利用案内」などと呼ぶことが多く，その用語は統一されていない。

と説明している[15]。この回答する範囲や程度については，本章後半で再び取り上げる。

4．学校図書館と公共図書館との連携協力に関する施策

次に，学校図書館と公共図書館との連携協力の実際を見てみる。これは法令等には早くから，それぞれからの働きかけが要請されてきた。学校図書館側に

ついては，学校図書館法第4条で「学校図書館を児童又は生徒及び教員の利用
に供する」方法として，5つの項目を挙げてその5に「他の学校の学校図書
館，図書館，博物館，公民館等と緊密に連絡し，及び協力すること」としてい
る[16]。この考え方は現行の学習指導要領にも示されており，総合的な学習の時
間の取り扱いについて「学校図書館の活用，他の学校との連携，公民館，図書
館，博物館等の社会教育施設や社会教育関係団体等の各種団体との連携，地域
の教材や学習環境の積極的な活用などの工夫を行うこと」とある[17]。

　一方，公共図書館の側については，図書館法第3条にそれが見える[18]。「図
書館は，図書館奉仕のため，土地の事情及び一般公衆の希望に沿い，さらに学
校教育を援助し，及び家庭教育の向上に資することとなるように留意し，おお
むね次に掲げる事項の実施に努めなければならない。」として9項目を挙げ，
その4に「他の図書館，国立国会図書館，地方公共団体の議会に附置する図書
室及び学校に附属する図書館又は図書室と緊密に連絡し，協力し，図書館資料
の相互貸借を行うこと」とあり，その9にも「学校，博物館，公民館，研究所
等と緊密に連絡し，協力すること」とある。このことはまた，前掲の『公立図
書館の設置及び運営上の望ましい基準』『図書館の設置及び運営上の望ましい
基準』にも掲げられている[19]。

　このように学校図書館と公共図書館との連携協力は，早くからその必要性が
説かれてきた。しかし，実際にそれが動き出すのは，近年のことといってよい
だろう。その動きの1つに，各自治体における学校図書館支援センターの設立
がある[20]。これは国の施策として2004年度から2006年度にかけて行われた「学
校図書館資源共有ネットワーク推進事業」により，学校図書館と公共図書館と
の連携促進が提唱されたことを契機とする。この事業の推進地域として，岩手
県東磐井地域や千葉県市川市などの34地域が指定された[21]。引き続き2006年度
から2008年度には「学校図書館支援センター推進事業」が展開され，2006年度
から40，2007年度から19，合わせて59地域が指定された。これは，学校図書館
支援センターに配置される学校図書館支援スタッフが，学校図書館間の連携・
各学校図書館の運営・地域開放に向けた支援を行い，各学校に配置される協力
員が支援スタッフと連携・協力，学校図書館の読書センターと学習情報セン

ターとしての機能の充実・強化を図る事業であった[22]。

5．学校図書館と公共図書館との連携協力の実際

　学校図書館と公共図書館との連携協力の様子は，国立国会図書館国際子ども図書館のホームページ上のリンク集にある『学校図書館関係団体・学校図書館支援センター等』からも窺うことができる[23]。ここには，学校図書館支援センターを設置している自治体が16でている。また，支援センターの名称はないが，何らかの学校支援を打ち出している自治体図書館は30を越えている。さらには，宮城県名取市図書館（学校図書館支援センターを2013年4月設置），あるいは近年注目されている東京都荒川区の取り組みなど，連携協力の動きはここに出ていない自治体にも広がっている。そこで，幾つかの自治体を通して，連携協力の実際を眺めてみることとする。

　前述の「学校図書館資源共有ネットワーク推進事業」に引き続き「学校図書館支援センター推進事業」の指定となった地域の中に，岩手県一関地区図書館ネットワーク協議会[24]と千葉県市川市[25]がある。この2つの地域の取り組みは，先述の学校図書館支援センター設置の理念にも示されているように共通する部分も多い。その1つは人的支援であり，各学校に配置される協力員とそれに協力する学校図書館支援スタッフの活動である。今1つが地域内にある公共図書館・学校図書館の総合目録データベースを構築，各図書館の蔵書検索を可能にして，蔵書の相互貸借を行うというネットワーク化である。

　次に，最近文部科学省のホームページに公開された『図書館実践事例集―人・まち・社会を育む情報拠点を目指して―』（2014年3月）から，事例を取り上げる[26]。この事例集の「連携」では，学校図書館支援センターの活動として，先の名取市図書館と共に，新潟県新潟市立中央図書館学校図書館支援センター・福井県鯖江市学校図書館支援センター・福岡県小郡市学校図書館支援センターが紹介されている。また，学校図書館との連携協力を図っている公共図書館として，大阪府豊中市立図書館・鳥取県南部町図書館・鳥取県日野町図書館・愛媛県新居浜市別子銅山記念図書館が紹介されている。これらの図書館で

は，先の一関地区・市川市と同様に，人的支援と物流支援の取り組みが行われている。人的支援では，学校図書館担当職員（学校司書）が市内や町内の全校に配置されている地域（新潟市・南部町・日野町・小郡市），中学校に学校司書を派遣（名取市，小学校は全校配置），学校図書館支援員を小学校に派遣（新居浜市）などが紹介されている。物流面では，豊中市と小郡市において，公共図書館と学校図書館の蔵書のネットワーク化が行われている。この他，「課題解決支援」では，兵庫県加古郡播磨町図書館の「播磨町図書館を使った調べる学習コンクール—疑問は図書館で解決しよう—」が紹介され，目的・趣旨で「学校等と協働で調べる学習を行うことで知る喜びや学ぶ楽しみを知ってもらう」としている。これらは同事例集に掲載されている要旨からわかる範囲ではあるが，情報サービスに関する取り組みはほとんど見えていない。

6. 情報サービスにおける学校図書館側からの協力に関する提言

　それでは，情報サービスを中心として，学校図書館と公共図書館の連携協力を図る際に，学校図書館の側から何ができるのかを考えてみたい。その1つは，児童・生徒が学校で学んでいる教育内容全般，換言すれば教育課程の内容を随時知らせることにあると思う。その2としては，児童・生徒が日々の生活の中で，どのような興味や問題関心を持っているのか，を同じように随時伝えることと考える。現在，子どもやヤングアダルトへのサービスが大きな比重を占めつつある公共図書館にとって，その世代の青少年たちが今，学校で何を学んでいるのか，また，どのようなことに興味関心があるのか，は何よりも知りたいことではないだろうか。これをつかむことが難しいという公共図書館側のとまどいは，前掲の先進的取り組みを進めている市川市中央図書館の司書の

　　　公共図書館にとって，実際に利用する子どもの顔が見えない状態で資料を選定して学校へ送るというのは，心細くて勇気のいる仕事です。そんな作業を日々平然と（？）こなしていけるのは，学校図書館に自分たちと同じ土俵に立っている学校司書や学校図書館員の先生方がいるから，その先

第 2 章　学校図書館と公共図書館の情報サービスにおける協力の動向と今後への提言　|　*111*

　　生方の目を通って子どもたちに資料が渡るからこそできるアラワザ！！
　　なのです。
という発言にも表白されていると思う[27]。したがって，子どもたちと日々接し
ているという学校の特性を活かすことが，何よりも求められるのではないだろ
うか。それらに関する学校図書館側からの情報発信が，これまでのどちらかと
いうと公共図書館側からの支援という連携協力関係に，新生面を開く可能性を
持っていないだろうか。

　　学校図書館の側から，児童・生徒の学校教育において受けている教育内容，
児童・生徒の日々の問題関心，これらを公共図書館側に伝達することは，具体
的には何につながるのであろうか。筆者の想起することの 1 つは，情報サービ
スの中核を占めるレファレンスサービスへの活用である。

　　近年，ホームページで事例集の発信をするなど，レファレンスサービスに力
を入れる公共図書館も増えてきている。市川市立図書館の場合を見てみよう。
同図書館はレファレンス受付件数が2011年度67,356件（内，中央図書館38,537
件），2012年度64,334件（内，中央図書館35,323件）と年間 6 万件以上を数え
る。この受付件数は全国の図書館の平均値を大きく越えるものと考えられ，そ
の取り組みの大きさがよくわかる数字である[28]。国立国会図書館のレファレン
ス協同データベースにも積極的に参加して，年間登録件数2011年度204件，
2012年度207件である。また，先述の学校図書館支援センター事業に関連し
て，学校からのレファレンス受付件数が2011年度619件（内，142件は中学校），
2012年度513件（内，97件は中学校）であると報告されている[29]。

　　市川市立図書館のレファレンスサービスへの積極的な取り組みとその充実し
た様子は，同図書館のホームページからも窺うことができる。「レファレンス
事例集」には，『新・参考業務月報』が1999年 4 月号から2014年 4 月号まで掲
載されており，月報には実際にあった質問とそれへの回答の事例が掲載されて
いる。また，1997年以降の『新・参考業務月報』から，事例を検索できるよう
にもなっている。検索の方法は，テーマ別（特別コレクションに関するレファ
レンス，市川に関するレファレンス，千葉県に関するレファレンス，翻訳・邦
訳文献紹介の 4 項目からなる）でも可能であり，NDC の分類とフリーキー

112 | 第Ⅱ部 現代の図書館

ワードでも可能になっている[30]。

　ここで，フリーキーワードによる検索の結果，出てきた2つの事例を紹介する。

　(1)「桜の葉の塩漬けの作り方（小学4年生）」

　　　"桜の葉の塩漬けの作り方を学校で調べていると，こどもとしょかんで問い合わせあり。こどものフロアの料理（分類 596），郷土料理（分類 383）には見つからないため，一般書の棚を案内し，一緒に探す。和菓子の本では桜餅の作り方は多いが，葉は既に塩漬けになっているものを用意して作るものばかりで葉の塩漬けの作り方は無し。基本料理の中には桜の花の塩漬けはあっても葉については見当たらない。『下ごしらえ便利事典』（柴田書店 2005）に何グラムあたりの葉に対して何グラムの塩を樽に漬け込むという記載が有ったのでこちらを提供する。"

　(2)古代ハスを開花させた「大賀（おおが）一郎（いちろう）」に関する資料を見たい。千葉県の偉人を調べるという中学3年生の課題。

　　　インターネットの検索エンジン Google で検索"大賀一郎"⇒「蓮文化研究会」のホームページに『まぼろしの花がさいた』（くもん出版 1988）が紹介されている。千葉県出身者ではないことが判明。http://www.estyle.ne.jp/lotus/ ⇒『千葉県風土記』歴史と人物（大杉書店 1985）p.117『大賀ハス』（千葉市立郷土博物館 1988）

2つともに，学校における学習内容との関連がある事例である。検索をすると，「国名を漢字に表記したものの一覧を見たい（小学生高学年）」「楽器の名前の英語による綴りを知りたい（小学4年生）」という質問も出てくる。この2つについては学校との関連があるのか，あるいは自分の興味から出ている質問なのかはわからない。児童・生徒の疑問には，学校教育から離れ自分の興味関心から出てくる場合もあることに留意する必要があるだろう。

　市川市立図書館は，今述べたようなレファレンスサービスの充実，先述の学校図書館支援センターの活動，と先進的な取り組みが実践されている。したがって，筆者が提言として挙げた学校図書館側から公共図書館側館に児童・生徒への教育内容，児童・生徒の興味関心を情報提供することは，すでに始まっ

ているのかもしれない。しかし，全国の多くの公共図書館では，これからの課題となるのではないだろうか。このことは，情報源の整備を含む公共図書館のレファレンスへの対応を，より充実させる方策になると考える。それはまた，学校図書館と公共図書館が別個にレファレンスサービスに取り組むのではなく，学校図書館担当者と公共図書館の司書とが協同でレファレンスサービスに当ることも，今後求められるのではないだろうか。

7．続・情報サービスにおける学校図書館側からの協力に関する提言

　筆者の想起する2つ目は，発信型情報サービスとして近年注目されているパスファインダー作成への活用である。パスファインダーは「調べ方案内」ともいえるもので，あるテーマに関して道案内の役割をするリーフレット形式のものである。公共図書館でも作成され，子ども向けのものも増えている[31]。

　ここでは，島根県松江市を事例として見てみよう。松江市は先の「学校図書館支援センター推進事業」の指定を2006年度に受け，同年度に学校図書館支援センターを設置している。松江市のホームページでは，学校図書館支援センターについて「2006年度から学校図書館支援センターを設置して，学校図書館の「読書センター機能」と「学習・情報センター機能」の充実に取り組んでいます」と説明し，さらに「子どもたちの学びにとって，学校図書館の「読書センター機能」と「学習・情報センター機能」とのバランスが大切だと考えています。2012年度からは「学習・情報センター機能」の充実を重点に取り組んでいます。中学校区の連携体制を生かして，小中9年間で体系的に積み上げていく指導をめざしています。」と述べている。松江市は，学校図書館の「学習・情報センター機能」の充実に近年力点を置くことを表明している[32]。

　このことは，『RAINBOW―松江市学校図書館支援センターだより―』からも窺うことができる。同誌の59号（2014年6月）には事例研究として，「この花の名前はなんだろう」と題して，教師と児童の対話形式で，図鑑の使い方が説明されている。これは，同支援センターで作成している「図書館を活用する

学び方指導体系表」を使用するための参考に供する，という意味もある事例研究である。同誌は，併せて前月の『学校司書業務報告書』の一部から学校司書の声も掲載しているが，59号には，「２年生生活科「野菜の育て方」について，低学年には難しい資料が多い中岩崎書店の『やさいのうえかたそだてかた』（小宮山洋夫文・絵）は分かりやすい資料だと思う。他に，よい資料があれば教えてほしい」という声が出ている[33]。この２つは，パスファインダーの例ではないが，パスファインダーの作成にヒントを与える事例といえよう。植物の種類や野菜の栽培に関して，公共図書館側で，学校図書館側から情報を得た上で，それらのパスファインダーを作成することが可能であろう。

　パスファインダー作成においても，学校図書館側から公共図書館側に児童・生徒への教育内容，児童・生徒の興味関心について情報提供することは，公共図書館側にとって参考になると思われる。また，パスファインダー作成でも，学校図書館と公共図書館双方の関係者の協力により作成することが有効であると思う。

　これまで述べてきた学校図書館側から公共図書館側への働きかけを実現させるためには，それらと並行して必要なこと，あるいはその前提となることが考えられる。その１つは，いうまでもなく，司書教諭・学校司書などの学校図書館関係者が公共図書館側への働きかけをする余裕，換言すれば時間の確保である。今１つが，学校図書館関係者が，情報サービスに対する知識や理解を今以上に深めることにあると考える。これには，例えばレファレンス・インタビューの技法の修得が重要であろう。学校は公共図書館と異なり，児童・生徒と日常的に接する機会が多い。しかし，それでも児童・生徒は自分の持つ疑問に関する質問を，遠慮する場合も少なくないだろう。そのような時，児童・生徒の質問の真意を把握するためにレファレンス・インタビューが重要になる。

　また，回答内容の範囲や回答方法に関する技法の修得も，重要であろう。先の市川市立図書館の事例が示すように，公共図書館では利用者の質問に対して，情報源の提示だけではなく質問内容について詳細に回答する方向が一般的になっている。一方，学校では松江市の事例が示すように，花の名前でいえば，情報源としての図鑑を紹介し，児童に調べさせ直接の回答は保留するとい

第2章　学校図書館と公共図書館の情報サービスにおける協力の動向と今後への提言　│　*115*

う必要のある場合も少なくない。このような回答方法に関する理解を深めることも，学校図書館関係者には今後さらに求められるのではないだろうか。

8．おわりに

　本章は，学校図書館と公共図書館との連携協力について情報サービスを中心に考察した。近年，学校図書館と公共図書館との連携協力は，学校図書館支援センターを設置する自治体の増加などが示すように急速に進められている。しかし，今までの学校図書館と公共図書館との連携協力は，学校図書館の不足を公共図書館が支援するという，どちらかというと片務的な関係であった。そこで，学校図書館側から公共図書館側に協力できることは何かという視点から，従来貸出の後方に置かれてきた情報サービスを中心に検討した。

　考察の順序として，はじめに現在も考え方に振幅のある情報サービスの定義を確認した。その上で本章は情報サービスを，『公立図書館の設置及び運営に関する基準（報告)』の定義を踏まえ，レファレンスサービスに加えレフェラル・サービスやカレントアウェアネスサービスなどを加えたものとした。次に，情報サービスにおける学校図書館と公共図書館とに共通する部分，学校図書館独自の部分を考察した。そこでは，生涯学習社会を迎えた今，各人が自らの課題を解決するために適切な情報を収集・選択するために情報サービスがある，という考え方は学校図書館・公共図書館に共通することを指摘した。一方，学校図書館の情報サービスが公共図書館と異なる点として，利用者が児童生徒・教職員と特定されること，質問内容が教育課程に関連したものの多いことを挙げた。また，学校図書館では，児童・生徒への情報サービスが教育・指導という観点から，なるべく児童・生徒自身に調査をさせ，質問への直接回答を留保する傾向やその必要があることから，公共図書館とは異なる性格を持つことを指摘した。

　次に，学校図書館と公共図書館との連携協力に関する国の施策，それを受け学校図書館支援センターを設置している自治体の活動を取り上げた。それらから，地域内の公共図書館と各学校図書館の蔵書の総合目録データベース作成や

蔵書の相互貸借などが行われている反面，情報サービスという面はまだあまり取り組みが具体化していないことが確認された。

　その現状を踏まえ，筆者なりに学校図書館の側から公共図書館側への協力として可能なことを提言した。1つは，児童・生徒が学校で学んでいる教育内容全般を随時知らせること。2として，児童・生徒が日々の生活の中で，どのような興味や問題関心を持っているか，を随時伝えることを挙げた。これらは先進的地域では，意識され取り組みが始められていることかもしれない。しかし，多くの地域では，学校図書館側，公共図書館側が，それぞれ一方通行的に取り組んでいるのが現況ではないだろうか。そこで，今挙げた2つのことを学校図書館側から公共図書館側に逐一伝えることの重要性を述べ，それが公共図書館における青少年に対するレファレンスサービスの充実，またパスファインダー作成につながることを指摘した。

　最後に，ここに示した私見を効果的に実現するために，学校図書館担当者の時間的余裕が確保されること，また学校図書館担当者の情報サービスに対する知識を，今以上に深めることが必要ではないか，ということを述べて拙論の結びとした。しかし，本稿で取り上げた学校図書館と公共図書館との連携協力については，無論これから検討すべき問題も多い。現行の『学習指導要領』において「総合的な学習の時間」の目標に設置されている「探究的な学習」への情報サービスの活用，あるいはレフェラル・サービスの問題や情報リテラシー教育との関係などである。これらについては，今後の課題としたい。

注

1：岩崎れい「学校図書館をめぐる連携と支援—その現状と意義—」（『カレントアウェアネス』309，2011年9月）。なお，本稿では，市区町村立学校の学校図書館と市区町村立の公共図書館との連携協力を念頭に置いている。

2：日本図書館情報学会用語辞典編集委員会編『図書館情報学用語辞典』（第4版，丸善，2013年）。

3：小田光宏「レファレンスサービスの現代的課題—図書館員に必要な能力としての認識—」（『医学図書館』47-2，2000年6月）。

4：大串夏身編著『情報サービス論』（新訂版，新図書館情報学シリーズ5，理想社，

第 2 章　学校図書館と公共図書館の情報サービスにおける協力の動向と今後への提言　|　*117*

2008年）。

5：『公立図書館の設置及び運営に関する基準（報告）』（生涯学習審議会社会教育分科審
　議会施設部会図書館専門委員会，1992年）。http://www.mext.go.jp/b_menu/hakusho/
　nc/t19920617001/t19920617001.html,（参照2014-10-01）．その後，2001年に『公立図
　書館の設置及び運営上の望ましい基準』（文部科学省告示第132号），2012年には『図
　書館の設置及び運営上の望ましい基準』（文部科学省告示第172号）が施行された。こ
　の 2 つの基準については，薬袋秀樹氏の詳細な研究がある。それを参照してこれらの
　基準成立の経緯を記すと，『公立図書館の設置及び運営上の望ましい基準』は生涯学
　習審議会社会教育分科審議会計画部会図書館専門委員会により，2000年12月に『公立
　図書館の設置及び運営上の望ましい基準について（報告）』が提出され，その翌年 7
　月に告示されたもの（薬袋秀樹「公立図書館の設置及び運営上の望ましい基準（2001）
　について」，三田図書館・情報学会2014年度研究大会予稿集，http://www.mslis.p/
　am2014yoko/06_minai_rev.pdf, 参照2014-12-20）．また『図書館の設置及び運営上の
　望ましい基準』は，これからの図書館の在り方検討協力者会議により『図書館の設置
　及び運営上の望ましい基準の見直しについて』が2012年 8 月に提出され，それを踏ま
　えて同年12月に告示されたものである（薬袋秀樹「図書館の設置及び運営上の望まし
　い基準と私立図書館」，三田図書館・情報学会2013年度研究大会予稿集，http://
　www. mslis.jp/am2013yoko/06_minai.pdf, 参照2014-12-20）．この内，『図書館の設置
　及び運営上の望ましい基準』では，「第 2　公立図書館」の「 1　市町村立図書館」
　の「 3　図書館サービス」（ 6 項）において，「(1)貸出サービス等」に次いで「(2)情報
　サービス」「(3)地域の課題に対応したサービス」の項目が置かれ，情報サービスに関
　する説明の比重がさらに大きくなっている。http://www.mext.go.jp/a_menu/01_
　l/08052911/1282451.htm,（参照2014-10-01）．

6：カレントアウェアネスサービスは，大串氏の挙げている 4 つの内の(3)「利用者の情報
　要求を想定してインターネットなどを通して生涯学習情報その他の情報を提供する
　サービス」にも関連するサービスである。前掲『図書館情報学用語辞典』は「図書館
　その他の情報機関が利用者に対して最新情報を定期的に提供するサービス。コンテン
　ツサービス，新着図書目録の配布，SDI などの形態がある。（後略）」と説明する。
　SDI は同辞典で，「要求に応じて，特定主題に関するカレントな情報を検索して，定
　期的に提供する情報サービス。選択的情報提供と訳されることが多い。（後略）」と説
　明する。

7：『中小都市における公共図書館の運営』（日本図書館協会，1963年，略称『中小レポー
　ト』）。

8：『市民の図書館』（日本図書館協会，1970年）。

9：前掲注 5 参照。

10：これからの図書館の在り方検討協力者会議『これからの図書館像—地域を支える情報
　拠点をめざして—（報告）』（2006年）「第 2 章　提案これからの図書館の在り方」
　「 1 ．公立図書館をめぐる状況」「(2)社会の変化」。http://warp.da.ndl.go.jp/info:ndljp/

pid/286184/www.mext.go.jp/b_menu/houdou/18/04/06032701.htm,（参照2014-10-01）.

11：情報リテラシーについて，前掲『これからの図書館像―地域を支える情報拠点をめざ
して―（報告）』第2章1⑵の注で「さまざまな種類の情報源の中から必要な情報を
検索し，アクセスした情報を正しく評価し，活用する能力」と説明している。また，
メディア活用能力は，大串夏身編著『学習指導・調べ学習と学校図書館　改訂版』
（青弓社，2009年）「第2章　メディア活用能力育成とその方法」において，「メディ
アを主体的に活用して自己の課題を解決できるようになる能力」と説明している（足
立正治執筆）。

12：中央教育審議会第一次答申『21世紀を展望した我が国の教育の在り方について』（1996
年）。http://www.mext.go.jp/b_menu/shingi/chuuou/toushin/960701.htm,（参照2014
-10-01）.

13：坂田仰・河内祥子編著『教育改革の動向と学校図書館』（八千代出版，2012年）「第12
章　生涯学習社会の中の学校図書館」は，「「「生きる力」という生涯学習の基礎的な
資質の育成を重視する」ことが，生涯学習社会における学校教育の在り方の基本とさ
れていることを忘れてはならない」と指摘する（小桐間徳執筆）。

14：紺野順子『学習に学校図書館を活用しよう―調べ学習・総合的学習の推進―』（シ
リーズいま，学校図書館のやるべきこと6，ポプラ社，2005年）は「「課題コーナー」
をつくる，「資料リスト」をつくる」，渡辺重夫『学習指導と学校図書館』（第2版，
メディア専門職養成シリーズ3，学文社，2008年）は「特定の分野ごとの文献リスト
を作成」という提案をしている。

15：朝比奈大作編著『学習指導と学校図書館』（学校図書館実践テキストシリーズ4，樹
村房，1999年）「第3章　学校図書館における情報サービス」。

16：総務省行政管理局『法令データ提供システム』。http://law.e-gov.go.jp/cgi-bin/idxsearch.
cgi,（参照2014-10-01）.

17：『中学校学習指導要領』「第4章　総合的な学習の時間」から引用した。http://www.
mext.go.jp/a_menu/shotou/new-cs/youryou/chu/sougou.htm,（参照2014-10-01）.

18：前掲『法令データ提供システム』。

19：『図書館の設置及び運営上の望ましい基準』を示すと，「第1　総則」の「4　連携・
協力」において「図書館相互の連携のみならず，国立国会図書館，地方公共団体の議
会に附置する図書室，学校図書館及び大学図書館等の図書施設，学校，博物館及び公
民館等の社会教育施設，関係行政機関並びに民間の調査研究施設及び民間団体等との
連携にも努めるものとする」とある。http://www.mext.go.jp/a_menu/01_l/08052911/
1282451.htm,（参照2014-10-01）.

20：国の施策は，中村由布「学校図書館と公共図書館の連携―学校図書館支援センター推
進事業指定地域へのアンケート調査を実施して―」（『図書館界』61-1，2009年5
月）を参照した。

21：『学校図書館資源共有ネットワーク推進事業の推進地域決定について』，http://www.
mext.go.jp/a_menu/ sports/dokusyo/suisin/04090801.htm,（参照2014-10-01）.

第 2 章　学校図書館と公共図書館の情報サービスにおける協力の動向と今後への提言　|　*119*

22：『文部科学省事業評価書（平成18年度新規・拡充事業等）』(2005年)「11学校図書館支援
　　センター推進事業（新規）」, http://www.mext.go.jp/a_menu/hyouka/kekka/05090202/
　　015.pdf, (参照2014-10-01).

23：国立国会図書館国際子ども図書館『学校図書館関係団体・学校図書館支援センター
　　等』, http://www.kodomo.go.jp/study/linkschool.html, (参照2014-10-01). なお, こ
　　のウェブページは, 最終更新日が2013年 6 月20日である。

24：「学校図書館資源共有ネットワーク推進事業」は東磐井地域として指定された。東磐
　　井郡 6 町村として指定され, 2005年に藤沢町を除く 5 町村が一関市と合併した。この
　　ネットワーク協議会の取り組みは, 図書館教育研究会編著『新学校図書館通論』（三
　　訂版, 学芸図書, 2009年)「1.7」（片野裕嗣執筆）で説明されている。その後, 藤沢
　　町は2011年に一関市と合併した。

25：市川市立図書館は, 前掲『これからの図書館像―地域を支える情報拠点をめざして―
　　（報告）』でも,「事例 7 　公立図書館の学校支援」に取り上げられている。

26：この事例集は,「連携」「様々な利用者へのサービス」「課題解決支援」「まちづくり」
　　「建築・空間づくり」「電子図書館」「その他」に区分され, 各図書館の取り組みの要
　　旨をリーフレット形式で閲覧できる。『図書館実践事例集―人・まち・社会を育む情
　　報拠点を目指して―』(2014年 3 月), http://www.mext.go.jp/a_menu/shougai/tosho/
　　jirei/index.htm, (参照2014-10-01).

27：市川市中央図書館司書の石井嘉奈子氏の言葉。『学校図書館支援センター通信』14
　　(2008年11月)。http://www.ichikawa-school.ed.jp/network/sup_news/supnews_140811.
　　pdf, (参照2014-10-01).

28：全国の図書館におけるレファレンスサービスの受付件数を知る参考資料に, 国立国会
　　図書館の調査報告書『日本の図書館におけるレファレンスサービスの課題と展望』
　　（図書館調査研究リポート14, 2013年 3 月）がある。これは質問調査票の回答を得た
　　全国の図書館3,910機関（内, 公共図書館2,462）を分析した報告書である。この中に
　　「レファレンス質問の受付実績」の項目がある。「平成23年度のレファレンス質問の受
　　付実績は, 全体では約半数の図書館が500件未満, 残りの約半数の図書館が500件以上
　　となっている」「一方で, レファレンス質問の受付件数が5,000件以上の図書館のう
　　ち, 152館が 1 万件以上を受け付けていることは興味深い。しかも, この152館のうち
　　131 館が 公 共 図 書 館 で あ る」 と 報 告 さ れ て い る。http://dl.ndl.go.jp/info:ndljp/
　　pid/8173850, (参照2014-10-01).

29：2011年度は『市川市の図書館2012』(2012年11月, 市川市教育委員会生涯学習部中央
　　図書館, http://www.city.ichikawa.lg.jp/common/000142850.pdf, 参照2014-10-01),
　　2012年度は『市川市の図書館2013』(2013年11月, 市川市教育委員会生涯学習部中央
　　図書館, http://www.city.ichikawa.lg.jp/common/000170515.pdf, 参照2014-10-01) に
　　よる。

30：市川市立図書館「レファレンス事例集」, http://www.city.ichikawa.lg.jp/library/
　　info/1029.html, (参照2014-10-01). 検索は2012年 3 月までの範囲で, それ以降は国立

120 | 第Ⅱ部　現代の図書館

　　　国会図書館のレファレンス協同データベースから検索することができると説明されて
　　　いる。
31：中西裕［ほか］著『情報サービス論及び演習』（ライブラリー図書館情報学6，学文
　　　社，2012年）「第14章　発信型情報サービスの実際」（伊藤民雄執筆）は，パスファイ
　　　ンダーを「学問分野や主題（テーマ）に関する知識が浅い利用者（初学者）であって
　　　も，効率よく情報を収集することができるように，各テーマ（トピックス）に関係す
　　　る資料の一覧や情報の収集の手順をまとめたリーフレット（一枚もののチラシ）をい
　　　う」と説明している。また，大串夏身氏はパスファインダーについて「日本では
　　　『テーマ別の調べ方案内』と呼んだほうがわかりやすい」と述べる（『図書館の可能
　　　性』，図書館の最前線1，青弓社，2007年）。
32：松江市ホームページ「学校図書館活用教育について」，http://www1.city.matsue.
　　　shimane.jp/k-b-k/gakkou/gakkou_lib/gakkou_lib.html,（参照2014-10-01）.
33：『RAINBOW—松江市学校図書館支援センターだより—』は，松江市のホームページ
　　　内の「学校図書館支援センターだより」で閲覧できる（http://www1.city.matsue.
　　　shimane.jp/k-b-k/gakkou/gakkou_lib/rainbow.html, 参照2014-10-01）。「図書館を活
　　　用する学び方指導体系表」も，同ホームページで閲覧することができる。

第3章

学校図書館と公共図書館との情報サービス における連携協力の考察

—学校図書館支援センターの事業を対象として—

1. はじめに

　学校図書館と公共図書館との連携協力は，学校図書館法・図書館法それぞれに関連する条文があるように，早い段階からその必要性が説かれてきた[1]。しかし，実際にそれが意識されその動きが強まるのは，比較的近年のことといってよいだろう。その契機の1つに，国の施策としての「学校図書館資源共有ネットワーク推進事業」（2004年度〜2006年度），「学校図書館支援センター推進事業」（2006年度〜2008年度）がある（これらの事業については後述）。この内，「学校図書館支援センター推進事業」では，2006年度から40，2007年度から19，合わせて59地域が指定され，学校図書館支援センター設立が促進された。これは，「指定する地域において，学校図書館の様々な取組を支援する学校図書館支援センターを教育センター等に置き，当該センターに配置される学校図書館支援スタッフが，学校図書館間の連携や各学校図書館の運営，地域開放に向けた支援を行うほか，指定地域内の各学校に配置される協力員が，支援スタッフとの連携・協力にあたることを通じて，学校図書館の読書センターとしての機能と学習情報センターとしての機能の充実・強化が図られるよう，学校図書館支援センターの在り方について調査研究を行う」というものであった[2]。これにより，指定された地域では，各学校図書館間や各学校図書館と公共図書館との蔵書のネットワーク化，学校図書館支援スタッフによる学校図書館への助言，各学校に配置される協力員と学校図書館支援スタッフとの連携などの取り組みが進められた。しかしながら，59地域の内，36地域が「学校図書

122 | 第Ⅱ部　現代の図書館

館支援センター推進事業」終了と共に学校図書館支援センターを廃止したこと，その連携協力は，資料の物流が中心であったことなども指摘されている[3]。

　筆者は先に，学校図書館と公共図書館との連携協力について，レファレンスサービスを中核とする情報サービスという面からいささか検討したことがある[4]。そこでは，前述のような国の施策との関係もあり，学校図書館と公共図書館との連携協力は従前に比べ活発になってはいるが，情報サービスという面ではあまり取り組みが進められていないこと，取り分け学校図書館側からの公共図書館側への発信がほとんど見られないことを指摘した。さらにそのことを踏まえ，情報サービス面において，学校図書館側から公共図書館側への働きかけとして何ができるかについて検討した。

　本章では，「学校図書館支援センター推進事業」終了と共に廃止した地域がある反面，現在に至るまで新規に設置する自治体も増加している学校図書館支援センターに焦点を当てる。中でも，「学校図書館支援センター推進事業」の指定を受けて以来，活発な活動を継続しており，ウェブ上で広報なども丁寧に配信している自治体として，千葉県市川市・石川県白山市・島根県松江市の3つの市の学校図書館支援センターの取り組みを紹介・分析する。次に，その現況を踏まえて，情報サービス面における学校図書館と公共図書館の連携協力として何が可能であるかについて，筆者なりに前掲拙稿を一歩進めた提言を試みたいと思う。

2．学校図書館と公共図書館との連携協力に関する施策

　3つの自治体の学校図書館支援センターの取り組みを見る前に，学校図書館と公共図書館との連携協力の潮流について国の施策を中心に確認しておこう。公共図書館に関する動きとしては，1992年に生涯学習審議会社会教育分科審議会施設部会図書館専門委員会によりまとめられた『公立図書館の設置及び運営に関する基準（報告)』が挙げられる。その「第1章　総則」「4　他の図書館及びその他関係機関との連携・協力」の中で，

　　市町村立図書館は，資料及び情報の収集，整理，保存及び提供の充実に努

めるとともに，地域の状況に応じた特色ある図書館運営を推進しつつ，多様化，高度化する学習需要に対応するため，図書館等との間の資料や情報の相互利用等の協力活動の積極的な実施に努めるものとする。その際，都道府県立図書館と市町村立図書館との連携協力を基本として，市町村立図書館相互，学校図書館，大学図書館等の館種の異なる図書館，公民館，博物館等の社会教育施設，官公署，民間の調査研究施設等との連携に努めるものとする。

と述べられている。この報告が2001年の『公立図書館の設置及び運営上の望ましい基準』（文部科学省告示第132号）につながり，2012年には『図書館の設置及び運営上の望ましい基準』（文部科学省告示第172号）が施行された。同基準でも，「第1 総則」「4 連携・協力」において，学校図書館等との連携に努めることが要請されている[5]。

　学校図書館に関する動きとしては，『学習指導要領』の記述が挙げられる。「生きる力」の育成を基本とし，「総合的な学習の時間」が設けられた1998年度改訂『学習指導要領』の2003年12月の一部改正の際に，公共図書館との連携が提示された。各校種，当該部分の記述は同文なので『中学校学習指導要領』から掲げると，「第1章 総則」「第4 総合的な学習の時間の取扱い」の配慮する事項の1つとして

　　学校図書館の活用，他の学校との連携，公民館，図書館，博物館等の社会教育施設や社会教育関係団体等の各種団体との連携，地域の教材や学習環境の積極的な活用などについて工夫すること。

と述べられている[6]。この記述は，現行の『学習指導要領』にも継承されている。言語活動の充実が重視されている現行の『学習指導要領』では，学校図書館の必要性がより求められているが，その意味において公共図書館との連携もさらに要請されることになろう。

　今1つの動きとしては，各自治体の読書活動推進の取り組みが挙げられる。周知のように，2001年に成立した『子どもの読書活動の推進に関する法律』（平成13年法律第154号）では，国が「子どもの読書活動の推進に関する基本的な計画」を策定することが定められ，それに基づいて都道府県及び市町村が

「子どもの読書活動の推進に関する施策についての計画」を策定することを要請している[7]。

　この内，国の基本的な計画は，2013年に第3次計画が策定されている。そこでは，「第5章　子どもの読書活動の推進のための方策」「Ⅱ　地域における子どもの読書活動の推進」「1．図書館」に「子どもの読書環境をより充実させるため，図書館相互の連携・協力のみならず，学校図書館や公民館図書室等とも連携・協力し，蔵書の相互利用や事業の共同開催を行うよう努める。」とあり，さらに

　　　学校図書館は，児童生徒にとって身近な場所であり，読書指導の場としての機能も備えていることから，子どもが質の高い読書活動を行う機会を提供する場所となり得る。このため，図書館と学校図書館が連携・協力することが重要である。

　　　図書館は，学校図書館との連携・協力体制を強化し，団体貸出しや相互貸借を行うとともに，図書館職員が学校を訪問し読み聞かせを行うなどの取組を積極的に行うよう努める。

と，具体的な連携に関する提案を行っている。

　自治体の計画については，千葉県市川市・石川県白山市・島根県松江市を例として見てみよう。これらの地域では千葉県「千葉県子どもの読書活動推進計画（第3次）」(2015年)，市川市「市川市子どもの読書活動推進計画」(2004年)，石川県「石川県子ども読書活動推進計画（第3次改訂版）」(2014年)，白山市「第2次白山市子ども読書活動推進計画」(2012年)，島根県「第3次島根県子ども読書活動推進計画」(2014年)，松江市「松江市子ども読書活動推進計画」(2008年)と，それぞれ読書活動推進計画を策定している。何れも，学校図書館と公共図書館の連携推進が目標として挙げられている。また，市川市・白山市・松江市はそれぞれ学校図書館支援センターの取り組みを中心に，今までに実施されている事柄と今後の目標が掲げられている。

　これらの動きは生涯学習社会を迎えていることと深く結びついていると考えられるが，そのような中にあって2008年には中央教育審議会の『新しい時代を切り拓く生涯学習の振興方策について─知の循環型社会の構築を目指して─』

が発表された。その中で「第1部　今後の生涯学習の振興方策について」「4．具体的方策」「(2)社会全体の教育力の向上─学校・家庭・地域が連携するための仕組みづくり」において，

> 　図書館においては，レファレンスサービスの充実と利用の促進を図ることはもとより，地域の課題解決に向けた取組に必要な資料や情報を提供し，住民が日常生活を送る上での問題解決に向けた取組に必要な資料や情報を提供するなど，地域や住民の課題解決を支援する機能の充実を図ることが求められる。……また，子どもの読書活動や学習活動を推進する観点から，学校図書館への支援を積極的に行うことが重要である。

と述べている[8]。前述の『公立図書館の設置及び運営に関する基準（報告）』『公立図書館の設置及び運営上の望ましい基準』，あるいは2006年に発表された『これからの図書館像─地域を支える情報拠点をめざして─（報告）』などの提言に沿った要請が示されると共に[9]，学校図書館への支援を強調している。

「人々は，物質的な豊かさに加え，精神的な面での豊かさを求め，生涯を通じて健康で生きがいのある人生を過ごし，その中でそれぞれの自己実現を図ることを求めている。」「変化の激しい社会においては，各個人が『自立した一人の人間として力強く生きていくための総合的な力』を身に付けるために，生涯にわたって学習を継続できるようにすることが求められている。」[10]といった生涯学習社会においては，学校図書館と公共図書館の連携が益々重視されているといえよう。

3．文部科学省による学校図書館・公共図書館の連携協力推進事業

これまで見てきたような大きな潮流の中で，学校図書館と公共図書館との連携協力の動きが高まってきているが，これと連動する形で「学校図書館支援センター推進事業」をはじめとする文部科学省による推進事業が行われてきた。次に，その経緯を述べることとする。

その始まりが1995～2000年度に行われた「学校図書館情報化・活性化推進モ

デル地域事業」であり，「学校図書館に様々な情報ソフト及び情報手段を整備し，公共図書館等とのネットワーク化を図ることによって，学校図書館の活性化に資する。」ものであった。1995～1997年度に5地域，1996～1998年度に3地域，1998～2000年度に72地域が指定された[11]。

次に，2001～2003年度にかけて46地域を指定して「学校図書館資源共有型モデル地域事業」が行われた。これは，「蔵書情報のデータベース化，ネットワーク化による図書資料の検索・貸出・流通システムの構築，学校図書館や蔵書を利用した教育実践の普及およびその仕組みの整備，調整機能の整備などを柱とする。」というものであった[12]。

続いて，2004年度から2006年度にかけて行われた「学校図書館資源共有ネットワーク推進事業」により，学校図書館支援センターの構想が提示された。事業の概要は，「平成13年度からの学校図書館資源共有型モデル事業の成果を踏まえ，平成16年度からは新たにデータベースやネットワークを活用した蔵書の共同利用化の促進，優れた教育実践の収集・普及，公共図書館と連携して教育活動の支援を行う学校図書館支援センター機能について調査研究を行う」というものであり，34地域が指定された[13]。

この事業を継承して，冒頭で触れた「学校図書館支援センター推進事業」（2006～2008年度）が行われた。この事業で2006年度に指定された40地域は次のとおりである[14]。

北海道稚内市　青森県八戸市　岩手県一関地区図書館ネットワーク協議会（一関市・藤沢町）　山形県新庄市　山形県高畠町　茨城県坂東市　茨城県結城市　栃木県宇都宮市　千葉県袖ケ浦市　千葉県市川市　千葉県富里市　千葉県酒々井町　東京都墨田区　東京都小平市　東京都北区　神奈川県横浜市　新潟県聖籠町　新潟県長岡市　山梨県山梨市　愛知県豊橋市　三重県亀山市　三重県鈴鹿市　滋賀県草津市　滋賀県湖南市　京都府向日市　京都府井手町　大阪府羽曳野市　兵庫県宝塚市　奈良県奈良市　島根県松江市　島根県東出雲町　島根県斐川町　広島県尾道市　広島県東広島市　福岡県福岡市　福岡県小郡市　佐賀県伊万里市　熊本県熊本市　大分県中津市　宮崎県小林市

また，2007年度に指定された19地域は次のとおりである[15]。

　北海道白老町　福島県いわき市　東京都品川区　東京都荒川区　東京都狛江市　石川県白山市　三重県桑名市　三重県四日市市　三重県津市　京都府南丹市　京都府亀岡市　大阪府堺市　奈良県広陵町　奈良県五條市　島根県安来市　島根県奥出雲町　島根県川本町　香川県坂出市　兵庫県三木市

　この事業について，中村由布氏は「学校図書館に『人』が必要であるということが，教師にも行政側にも理解され」たことは成果であるとする反面，「事業終了後，『人』のいる図書館から元の不在の状態に戻る学校図書館もあると聞いている」と述べ，公共図書館と学校図書館の連携について「これを機会に連携が進みかけたところもあるが，連携に至っていない地域がほとんどである」と課題を述べている[16]。このことはさらに，永利和則氏の59地域への電話によるヒアリング調査により跡付けられている[17]。この中で，前述のように，推進事業終了と共にセンターを廃止した自治体が36あることが報告されている。さらに，永利氏はこの事業について「副産物的効果として，学校図書館には人が必要なことを再認識」したことを評価する一方，

　　　「『学校図書館の機能を活用した学習指導や読書活動に係る情報の収集・提供』と『司書教諭をはじめとする教職員の研修又は情報交換』を支援する役割よりも，『学校図書館間や学校図書館と公共図書館等の関係機関との連携』による資料の物流が重要視」

　　　「学校図書館を支援する段階までで止まってしまい，学校全体または教職員を支援するところまで深化せず」

と，「研究のまとめと考察」の中で指摘している。

　このような課題も指摘されているが，この推進事業を契機として学校図書館支援センターに対する関心が高まり，指定地域以外でセンターを設立する自治体が増加している側面もあろう（この点については，次節で見てみる）。

　文部科学省の学校図書館関係の推進事業について，「学校図書館支援センター推進事業」以後を見ておく。2009年度には，「学校図書館の活性化推進総合事業」が行われた[18]。この中に，「学び方を学ぶ場としての学校図書館機能

128 | 第Ⅱ部　現代の図書館

強化プロジェクト」「教員のサポート機能強化に向けた学校図書館活性化プロジェクト」「地域に根ざした学校図書館の放課後開放プロジェクト」「学校を中核とした『子ども読書の街づくり』推進プロジェクト」の４つのプロジェクトが掲げられた。この内，公共図書館との連携に関しては，「教員のサポート機能強化に向けた学校図書館活性化プロジェクト」で「教育センターや公共図書館等と連携した教材研究資料の供給体制の確立」が提案されている[19]。これは，情報サービスの側面における公共図書館との連携に関連する事項である。

　2010年度からは「確かな学力の育成に係る実践的調査研究」が開始され，メニューの１つに「学校図書館の有効な活用方法に関する調査研究」が挙げられた[20]。ここでは，前掲の「学び方を学ぶ場としての学校図書館機能強化」「教員のサポート機能強化」が継承されて，それぞれに関連する調査研究の項目が置かれている[21]。2014年度からは，「確かな学力の育成に係る実践的調査研究」の中に「学校図書館の機能向上に関する調査研究」が設けられている[22]。

　「学校図書館支援センター推進事業」以後の事業を見てみると，他の機関等との連携よりも，学校図書館そのものの機能向上という側面が強調されている。しかし，前掲の「学校図書館の活性化推進総合事業」中の「教員のサポート機能強化に向けた学校図書館活性化プロジェクト」では，教材研究資料の提供のために「教育センターや公共図書館等」との連携が掲げられている（ここには当然，学校図書館支援センターが含まれていると考えられよう）。さらに，「確かな学力の育成に係る実践的調査研究」中の「学校図書館の有効な活用方法に関する調査研究」の「教員のサポート機能強化に向けた学校図書館の活性化に関する調査研究」の中にも，「教員向けの研究文献や指導資料，教材等の収集・整理・供用，これらの図書資料のレファレンス，取り寄せサービスなど」の情報サービスに関連する提案が示されている。ここには，公共図書館等との連携という言葉は出ていない。しかし，これらのサービスの充実には，公共図書館との連携が不可欠であろう。

4．千葉県市川市の学校図書館支援センターの取り組み

　前述の2006～2008年度の「学校図書館支援センター推進事業」の指定地域の中で学校図書館支援センターを設置した自治体の外にも，支援センターを設置している自治体が増えている。その様子を知る手がかりの１つに，『学校図書館関係団体・学校図書館支援センター等』がある[23]。この中には，埼玉県さいたま市学校図書館支援センターと新潟県新潟市立中央図書館学校図書館支援センターが掲載されている。さいたま市学校図書館支援センターは，1998年に前述の「学校図書館情報化・活性化推進モデル地域事業」のモデル地域に指定された旧浦和市の時代に開設されている[24]。また，新潟市学校図書館支援センターは2008年に開設されている[25]。

　2014年３月に文部科学省のホームページで公開された『図書館実践事例集─人・まち・社会を育む情報拠点を目指して─』にも，いくつかの事例が取り上げられている[26]。この事例集の「連携」には，先の新潟市や推進事業指定地域の１つであった福岡県小郡市学校図書館支援センターと共に，宮城県名取市学校図書館支援センター（2013年開設）[27]・福井県鯖江市学校図書館支援センター（2011年開設）[28]・愛媛県新居浜市別子銅山記念図書館が紹介されている。新居浜市の場合は，事例集では図書館の学校図書館支援推進事業が紹介されているが，この事業を継承して2015年に学校図書館支援センターが開設された[29]。

　このほか，管見に及ぶ範囲ではあるが，東京都東久留米市学校図書館支援センター（2005年開設）[30]・静岡県浜松市学校図書館支援センター（2010年開設）があり[31]，県単位で初めて鳥取県立図書館学校図書館支援センターが2015年に開設された[32]。また，長野県茅野市こども読書活動応援センターのように，読書支援センターを設置する自治体もある[33]。その他，先に挙げた『学校図書館関係団体・学校図書館支援センター等』を見ると，支援センターは設置していないが，学校図書館支援の取り組みを進めている自治体も多数紹介されている。これらからは，全国的に学校図書館を支援する自治体の取り組みの広がっていることがわかる。

130 | 第Ⅱ部　現代の図書館

　さて，市川市学校図書館支援センターの取り組みは，同センターの報告書，
同センター学習指導員小林路子氏の著書など[34]，多くの研究や事例報告におい
て紹介されている。市川市中央図書館の側からも，年次報告書や同図書館司書
の事例報告などで紹介されている。ここでは，同センターの富永香羊子氏の事
例報告[35]，同図書館司書の石井嘉奈子・福島康子両氏の事例報告[36]を参照して，
同センターの取り組みを見てみることとする。

　市川市では，学校図書館活用に対する取り組みが早くから行われてきた。
1979年から学校司書（常勤）の配置が開始され，1982年から読書指導員（現在
は学校図書館員，非常勤）が配置され，1992年には市内の全小・中学校に学校
司書あるいは学校図書館員が配置された。さらに2003年には，市内すべての
小・中・特別支援学校に司書教諭が配置されている。このような取り組みの中
で，前掲の文部科学省支援事業の指定も早くから受けてきた。その中で「学校
図書館支援センター事業」の指定を契機として，2006年に教育センター内に学
校図書館支援センターが設立され，市川市内の小・中学校などと市立図書館と
の図書資料相互利用システムが運行されている。これに関連する同センターの
情報サービスへの取り組みを説明する[37]。ここで，注目されるのは，他の学校
や市川市中央図書館への図書の依頼方法である。富永氏の説明を引用する。

　　市川市では，図書の依頼を行うときに「書名指定」での依頼は殆ど行わ
　ず，「単元名」や「学習内容」で依頼を行う。

　　例えば「小学校3年生：市川市の梨作りについて，梨の種類や農家の方
　の工夫などが分かる本をお願いします」という依頼を行う。それを見た各
　学校の学校司書・学校図書館員や中央図書館の司書は，利用学年や学習内
　容から各自の視点で選書し，図書を依頼校に発送する。

　　学校に届いた図書の中には，今までに利用したことのない図書が含まれ
　ていることもあるが，教職員は実際にその図書を授業の中で，使いやすい
　図書かどうかを子どもの学習の様子を見ながら確認することができる。
　……

　　これらの選書には，学校司書や学校図書館員のレファレンスのスキルに
　頼る部分が大きい。授業内容や目標，子どもに身につけさせたい力につい

て，担当教諭と十分に話し合い，対象学年や授業内容に最もふさわしい図
書を選び，子どもの質問事項に的確に答えるには，多くの知識と経験が必
要になる。

このことについて，依頼を受けた中央図書館側として福島氏は，2013年度前期
の事例として，「ぬか漬け，ぬか床の作り方」（小学校4年生）「華道，水墨
画，大和絵，能，狂言，室町建築」（小学校6年生）など14例を挙げている。
このような図書資料を使った単元が2012年度で2,934，図書資料相互利用シス
テムによる貸出数が29,026に上っている。この内，中央図書館からの貸出が33
パーセントであるという[38]。

　ここからは，活発なネットワークの利用の様子や，各学校の学校司書・学校
図書館員や中央図書館の司書を中心とした，選書による他校への図書の発送，
届いた図書からの選択の様子がわかる。この内，他校や中央図書館への依頼
は，主にメーリングリストを使ったメール送信の方法がとられている。また，
これに関連して，各学校からは「学校図書館年間利用計画」が提出され，それ
らは取りまとめられて各学校に配布されると共に，学校図書館支援センターの
ホームページでも公開されている。この計画表が提出されていることも，選書
の参考になっているものと考えられる。

5．石川県白山市学校図書館支援センターと
　島根県松江市学校図書館支援センターの取り組み

　次に白山市学校図書館支援センターの取り組みを，大橋留美子氏の紹介を参
考にして見てみることとする[39]。白山市は，2005年に松任市と2町5村が合併
して誕生した自治体である。旧松任市の2002年に図書館の新築移転に伴い，学
校図書館支援室が設置された。また，前述の「学校図書館資源共有型モデル地
域事業」「学校図書館資源共有ネットワーク推進事業」の指定を受け，公共図
書館と学校との資料の配送システムが確立された。それらを継承して，「学校
図書館支援センター推進事業」の指定により，2007年に白山市立松任図書館内
に，学校図書館支援センターが設置された。

132 | 第Ⅱ部 現代の図書館

白山市も市川市同様に，市内の全小中学校に学校司書が配置されている。資料の物流に関しては，学校間の相互貸借の資料，市立図書館から学校への貸出・返却資料が，学校図書館支援センターに集積され処理されている（石川県立図書館の「学校図書館支援サービス」も受けられる）。また，市内全校の調べ学習が行われている教科・単元の一覧である「学校図書館を活用した授業実績」，百科事典・年鑑・図鑑・著作権・要約・引用に関する「調べ方指導実績」が作成され，年度当初に各校に配布されているという。これは，先の市川市の「学校図書館年間利用計画」に共通する要素のあるデータといえよう。

白山市学校図書館支援センターの取り組みの内，情報サービス面で注目されるのは，同支援センターのホームページ上に，「学校からのレファレンス」の項目があり，2009〜2014年度の受付件数と各年度の受け付けたテーマが公開されている点である[40]。それによると，2009年度129件，2010年度149件，2011年度155件，2012年度144件，2013年度189件，2014年度231件と，近年特に増加している様子がわかる。これらの題目には校種と学年などが記されているので，どのような状況の質問であるかを窺うことができる。2014年度の事例を挙げると，「世界の国を調べる　ドミニカ，モルジブ，パプアニューギニアについての本」（6年）「地域調べ　ジオパーク・白山と手取川・歴史・伝統工芸・祭り・観光・食べ物など」（中学1年），などその学年の教育課程に関連する資料の依頼が多いことを窺わせる。中には，「虫歯・歯周病・歯の働きなど，『歯』に関する本」（保健委員会），「『動滑車』や『定滑車』による力の分散について」（科学部），といったように各種委員会や部活動に関連する質問もあり，この一覧は各学校でどのような質問が出ているのかを知る参考資料となる。

次に，松江市学校図書館支援センターについて見てみよう。松江市は2005年に6町1村と合併し，2011年には東出雲町と合併した。松江市では，市川市・白山市と同様に「学校図書館支援センター推進事業」の指定を契機に，学校図書館支援センターが2006年に設立された。また，東出雲町も前掲のように「学校図書館支援センター推進事業」の指定を受けて，2006年に学校図書館支援センターを設立していた。東出雲町の取り組みについては，支援スタッフの原田由紀子氏により報告が出されている[41]。2011年の合併により，この2つの学校

図書館支援センターの活動が合流し，さらに強化されることとなった。

その具体的な取り組みを見ると，松江市内の全校に学校司書を配置，市内の小・中学校と市立図書館との物流ネットワークが形成されて，学校間及び学校と市立図書館との資料の相互貸借が行われており，これらは先述の市川市・白山市の取り組みと共通している[42]。松江市ではそのシステムを活用しながら，小学校と中学校の9年間の一貫教育が目指されており，「学び方指導体系表」により各学年の情報リテラシー育成のための学校図書館活用教育の具体的目標が設定されている[43]。

また，松江市では学校図書館支援センターだよりである『RAINBOW』の1号から最新号（現在66号）までが，旧東出雲町の学校図書館支援センターだより『りぶさぽ』（2006年度〜2011年度）と併せて松江市のホームページで公開されている[44]。『RAINBOW』には，公開授業などの紹介による事例研究・研修会報告・アンケート結果などの各種データの紹介など，が掲載されている。さらに，各校の学校司書から提出されている『学校司書業務報告書』の抜粋を掲げ，そこには学校司書の活動報告や提案，あるいは情報提供の要望などが掲載されている。その一例を挙げると，48号（2013年5月）に

○「野菜を育てる」（小学2年・生活科）で使える資料情報募集！

玉湯小から「低学年が読みやすい野菜の本（栽培図鑑等）を，絵ではなく写真が載っているもの教えてください」との依頼がありました。

そこで，この単元で使える（または使った）資料の情報を募集します。

とあり，学校図書館支援センターからの情報提供依頼が掲載されている。同じ主題については，59号（2014年6月）に

2年生の生活科「野菜の育て方」について，低学年には難しい資料が多い中岩崎書店の「やさいのうえかたそだてかた」（小宮山洋夫・文絵）は分かりやすい資料だと思う。他に，よい資料があれば教えてほしい。

とある。このように，学校図書館支援センターだよりを用いて学校司書相互の情報の共有化が図られていることがわかる。これらによる情報の共有化は，情報サービスという面からも注目される。

6. 学校図書館と公共図書館との連携協力による
　　情報サービスへの提言(1)

　これまで見てきた3つの自治体における学校図書館支援センターを中心とする先進的な取り組みを参照しながら，学校図書館と公共図書館との特に情報サービス面において，どのような連携協力が考えられるかを検討してみよう。

　それを，2つの角度から考察してみることとする。その第1は，学校図書館と公共図書館双方の関係者による情報サービスに関する会合の提案である。先の3つの自治体の取り組みに参考事例を求めると，市川市では，学校図書館関係者対象の研修会（年4回）などのさまざまな研修会の他（富永氏前掲論文），学校図書館支援センターと市の指導課との共催による学校図書館と公共図書館の実務者によるネットワーク会議が年3回実施されている[45]。また，白山市では，司書教諭と学校司書に対するそれぞれ年2回の研修会の他，月1回，学校司書・図書館担当指導主事・市立図書館学校支援担当者・学校図書館支援センター支援員が集まり，協議・情報交換・グループ研修などが行われている（前掲大橋論文）。松江市の場合は，司書教諭・係教諭・学校司書などの学校図書館関係者が集まる学校図書館活用教育全体研修会や，前述の小中一貫教育によるブロック別研修会などの開催により，関係者の連携が図られている（前掲『RAINBOW』）。

　これらの取り組みを参考にしながら私見を述べると，学校図書館支援センターあるいは学校図書館支援室の職員が仲介役となり（それらが設置されていない自治体では，学校司書が相応しいのではないだろうか），司書教諭・学校司書の代表各1名，公共図書館側から司書1名（担当が区分されていれば児童サービス担当者）が参加する会合を隔月に開催することを提案する。その会合において，情報リテラシー育成のための図書館利用教育の方向性，レファレンス事例の集積とその事例のための情報源や回答方法の分析，などを検討してみてはどうだろうか。

　そこでは，司書教諭と学校司書の側からは平素の教育実践の取り組みが披瀝

され，公共図書館の司書からは児童サービスへの取り組みや，レファレンス・インタビューを初めとする情報サービスの手法が紹介される。それらにより，従来個別に取り組んできた感のある学校図書館と公共図書館双方の実践が有機的に連携することになるのではないだろうか。

ここに，興味深い事例を掲げる。それは，市川市中央図書館司書の石井嘉奈子氏の報告である。以下に引用する[46]。

> 五月のある日，一組の親子が「桜」という資料を探しに来館されました。本人が持っているレシート（図書館内の資料検索機からプリントアウトされるメモ）が，4類の大人向けの植物の資料だったため，対応したこどもとしょかん職員が，桜についてどんな内容を知りたいのかを尋ねました。あれやこれやと質問の矛先をかえながら聞き出した結果，学校の宿題で桜の葉の塩漬けの作り方を調べているとのこと。どうも総合学習のようで，すでに桜の葉を学校に持っていっており，近々塩漬けをつくり，来年二月には桜餅を作るということでした。ここまで聞きだすのがたいへんです。

これは，レファレンス・インタビューにおける利用者の真意を把握することの大切さと，その具体的な対応がよく示されている事例であるといえよう。このような公共図書館側のレファレンス・インタビューの実践と蓄積を，学校図書館側に教授することは重要なことであると思う。

これと類似の「桜の葉の塩漬けの作り方（小学4年生)」という事例が，同図書館の『新・参考業務月報』2008年7月号に報告されている[47]。この事例は，「学校図書館年間利用計画」に該当項目が見られないが，学校では同じ内容の課題が毎年のように設定される場合も考えられる。したがって，学校図書館側からは教育課程に関する情報提供が行われることにより，上記の事例のような場合の公共図書館側の対応に参考になることが考えられる。

7．学校図書館と公共図書館との連携協力による
　　情報サービスへの提言(2)

　第2の角度は，先にも挙げたレファレンス事例の集積とその回答例の作成である。学校におけるレファレンスとしては，児童・生徒側には各教科などの教育課程に即した問題，その延長線上あるいは個人的な興味関心から発する疑問などが考えられる。教職員側としては，教育課程に関連した指導上の問題，あるいは個人の調査・研究などから起こる疑問などが想定される。

　それらの内，ここでは具体的な考察を進めるために，児童・生徒側の教育課程に即した疑問に焦点を当ててみる。そこで参考になるのが，市川市学校図書館支援センター「学校図書館年間利用計画」・同市中央図書館『参考業務年報』『新・参考業務月報』，白山市学校図書館支援センター「学校からのレファレンス」，松江市学校図書館支援センター『RAINBOW』の『学校司書業務報告書』抜粋である。これらには共通する質問事例が少なくない。

　それらを参考に，併せて国立国会図書館「レファレンス協同データベース」[48]，東京学芸大学「先生のための授業に役立つ学校図書館活用データベース」[49]の類例も参考にして，いくつかの事例を掲げてみる。

　事例1　小学校2年生生活科「野菜を育てる」
　　　　「学校図書館年間利用計画」「小学校2学年」「生活」に関連する単元として，2006年度（6校）・2007年度（10校）・2008年度（9校）・2010年度（8校）・2011年度（13校）・2012年度（11校）・2013年度（10校）・2014年度（24校）・2015年度（31校）が出ている。
　　　　「学校からのレファレンス」に「野菜の育て方」（2009年度，2年）「野菜の育て方　トマト，キュウリ，ジャガイモほか」（2010年度，2年）「ミニトマトの育て方」（2011年度，2年）「ピーマンの育て方」（2013年度，2年）がある。
　　　　『RAINBOW』48号（2013年5月）同59号（2014年6月）前掲記事。
　事例2　小学校5年生総合的な学習の時間「米作り」[50]

「学校図書館年間利用計画」「小学校5学年」「総合」に関連する単元として，2006年度（19校）・2007年度（18校）・2008年度（17校）・2009年度（18校）・2010年度（18校）・2011年度（17校）・2012年度（24校）・2013年度（21校）・2014年度（26校）・2015年度（23校）が出ている。

「学校からのレファレンス」に「米（田植え，産地，品種，害虫，苦労ほか）」「米作りの手順，工夫，安全な米」（2009年度，5年）「稲作と環境問題　米の栄養素，加工，棚田の働きほか」「『米』耕地面積の減少，食の自由化，高齢化」（2010年度，5年）「米に関する資料」「米作り」「農業　米の品種，名前の由来，米粉レシピ」（2011年度，5年）「米作り　稲作方法・栄養素・加工など」（2012年度，5年）「米作りについての資料　世界の稲作・米の種類・食べ方・歴史など」「『お米はかせになろう』コメの加工品・成分・品種・育て方」（2013年度，5年）「『お米はかせになろう』お米について書かれた本」（2014年度，5年）がある。

『RAINBOW』60号（2014年8月）「小学5年で5月からお米について学習している。田植えの時期には，田植えに関する調べ学習をした。田植えで使用した『はばひき』という田に線を引く道具について，資料が見つからなかったので，方言から来た名前ではないかと思い，県立図書館の資料室で探した。すると，郷土資料の中から島根の農機具について調べ，『はばひき』を見つけた」。

東京学芸大学「先生のための授業に役立つ学校図書館活用データベース」東京都狛江市立緑野小学校5年生総合的な学習の時間指導案「お米ってすごい！―環境と水田の関係―」。

事例3　小学校6年生社会科「3人の武将と全国統一」

「学校図書館年間利用計画」「小学校6学年」「社会」に関連する単元として，2006年度（5校）・2007年度（6校）・2008年度（6校）・2009年度（6校）・2010年度（6校）・2011年度（5校）・2012年度（6校）・2013年度（5校）・2014年度（1校）・2015年度（9校）が

138 | 第Ⅱ部 現代の図書館

出ている。

「学校からのレファレンス」に「3武将」（2010年度，6年）「3武将（織田信長，豊臣秀吉，徳川家康）について書かれた本」（2014年度，6年）がある。

事例4 中学校1年国語「日本の古典」（『竹取物語』『今昔物語集』など）

『竹取物語』

「学校図書館年間利用計画」「中学校1学年」「国語」に関連する単元として，2009年度（1校）・20011年度（1校）・2012年度（1校）・2013年度（3校）・2014年度（4校）・2015年度（4校）が出ている。

『新・参考業務月報』2008年7月号「中学校の指導用として『竹取物語』が教材に載っている本」。

『RAINBOW』63号（2015年3月）「中学1年国語『竹取物語』の学習で，生徒から『蓬莱山』とはどんな山かとのレファレンスを受けた。なかなか資料が見つからず，生徒と話しながら探したところ，『中国　世界遺産の旅〈4〉』の中に『黄山』の項目で『仙人伝説とあいまって，古くから山水画などの文化芸術の源泉となった』の記述を見つけた」。

東京学芸大学「先生のための授業に役立つ学校図書館活用データベース」佐世保市立大野中学校「蓬莱の玉の枝―『竹取物語』から」に関連して「古典への誘いというテーマでブックトークなどしてほしい」，東京学芸大学附属竹早中学校「古典との出会い―古典の文章に出会い，現代とのつながりを考える」に関連して「『宇治拾遺物語』『御伽草子』『竹取物語』と，それらを原典とする『絵本』など，関連する本を用意してほしい」と，中学1年の国語に関して共に学校司書への要望事例がある。

『今昔物語集』

「学校からのレファレンス」に「今昔物語集の原文がのったもの」（2014年度，中学1年）がある。

事例5　中学校1年国語「故事成語」

　　　「学校図書館年間利用計画」「中学校1学年」「国語」に関連する単元として，2006年度（3校）・2007年度（1校）・2008年度（1校）・2009年度（2校）・2010年度（2校）・2011年度（1校）・2012年度（3校）・2013年度（4校）・2014年度（1校）・2015年度（1校）が出ている。

　　　『参考業務年報』1997年度「故事成語に関する物語」（中学1年）。

　　　『RAINBOW』44号（2013年1月）「1年生国語で「故事成語」の資料を求められたが適する資料がないことに気づいた。しっかり選書して今後購入していこうと思った」。

　　　「学校からのレファレンス」に「故事成語」（2010年度，中学1年）「故事成語　故事の意味，成り立ち，出典が分かりやすく載っている資料」（2011年度，中学1年）「故事成語と，その意味が載っている資料」（2014年度，中学1年）がある。

事例6　中学校1年英語（外国語）「イギリスの年中行事」（ハロウィーン，ガイ・フォークス・デイ，クリスマスなど）

　　　ハロウィーンは「学校図書館年間利用計画」「中学校1学年」「英語」に関連する単元として，2010・2011年度10月の項に1校出ている。

　　　ガイ・フォークス・デイは「学校図書館年間利用計画」「中学校1学年」「英語」に関連する単元として，2010・2011年度の11月の項に1校出ている。また，市川市中央図書館側から「11月5日のイギリスのお祭りである「ガイ・フォークス・デイ」について参考になる本を探している」という教員からの問い合わせのあったことが紹介されている[51]。

　　　クリスマスは「学校図書館年間利用計画」「中学校1学年」「英語」に関連する単元として，2010・2011年度の12月の項に1校出ている。また，レファレンス協同データベースに，「クリスマス関連で中1向けの英語教材になる文か本はないか」という事例が寄せられ

ている。

ここでは6つの事例を挙げたにとどまるが，図書館利用やレファレンスサービスに関する対応などの点で，これらの自治体にかなり共通する主題であることがわかる。このことから，先述したような学校図書館と公共図書館双方関係者による情報サービスに関する会合を開き，このような事例に対する対応，どのようなレファレンスツールを使用するか，どのような回答をするかなどを検討することには，大きな意義があると考えられる。それらを積み重ね，事例集を作成することはその自治体の地域に留まらず，他の地域においても大いに参考になり活用されることになると思われる。

8．おわりに

本稿ではまず，学校図書館と公共図書館との連携協力の大きな潮流の背景にある国及び各自治体の施策を確認し，それらを受けて実施されてきた「学校図書館資源共有ネットワーク推進事業」「学校図書館支援センター推進事業」などの国の推進事業を概観した。次に，学校図書館と公共図書館との連携協力を考えるために，学校図書館支援センターに焦点を当てた。

「学校図書館資源共有ネットワーク推進事業」「学校図書館支援センター推進事業」を契機として，全国の自治体における学校図書館支援センター設立が促進された。しかし，当該事業終了と共に学校図書館支援センターを廃止した自治体も少なくなかったこと，学校図書館間や学校図書館と公共図書館との連携協力の実際は，資料の物流が中心であったことも指摘されている。その一方で，現在に至るまで学校図書館支援センターを設置する自治体は増加している。連携協力の実際が資料の物流を中心としていたという指摘は筆者も同感であり，従来あまり取り組みが進められていないレファレンスサービスを中核とする情報サービス，という角度からの連携協力の問題を考察することとした。

その点において，「学校図書館支援センター推進事業」の指定を受けて以来，活発な活動を行いウェブ上での広報なども丁寧に配信している自治体として，千葉県市川市・石川県白山市・島根県松江市の3つの市の学校図書館支援

センターの取り組みに着目した。これらの自治体の先進的な取り組みは，これからの情報サービスにおける学校図書館と公共図書館との連携協力を考える上でも，参考になる点が少なくない。そこで，この３つの自治体における学校図書館支援センターを中核とする連携協力の取り組みを紹介・分析した。

次に，その現況を踏まえて，情報サービス面における学校図書館と公共図書館の連携協力として何が可能であるかについて，筆者なりの提言を試みた。提言の第一点は，学校図書館支援センターあるいは学校図書館支援室の職員が仲介役となり（設置されていない自治体では学校司書が担当），司書教諭・学校司書の代表各１名，公共図書館側から司書１名（担当が区分されていれば児童サービス担当者）が参加する会合を隔月に開催することである。その会合において，司書教諭と学校司書の側からは平素の教育実践の取り組み，公共図書館の司書からは児童サービスの取り組みや，レファレンス・インタビューなどの情報サービスの手法，という永年蓄積されてきた相互のノウハウが提供・紹介されることになる。それを受けて，情報リテラシー育成のための図書館利用教育の方向性，レファレンス事例の集積とその事例のための情報源や回答方法の分析，などの検討や共通認識の形成が図られる必要があると考える。

提言の第二点は，レファレンス事例の集積とその回答例の作成である。ここでは問題を具体化するために，児童・生徒側の教育課程に即した疑問に絞って考察した。これら３つの自治体の関連資料，「学校図書館年間利用計画」・『新・参考業務月報』・「学校からのレファレンス」・『RAINBOW』などを比較すると，共通する主題も少なくないので，その中から６つの事例を挙げた。このような事例の検討と集積を，先の提案の第一点に挙げた会合で分析することの必要性を述べた。

今日の図書館界において，学校図書館と公共図書館との連携協力について協働という理念が打ち出されている。そのために，公共図書館と学校とが協同して，地域資料を利用した教材，児童・生徒の図書館利用教育のための指導計画，教員の図書館利用法プログラム，を作成することなどが提示されている[52]。そのような状況において，本章で考察した学校図書館支援センターを中核とし，情報サービス面において学校図書館と公共図書館とが連携協力するこ

142　｜　第Ⅱ部　現代の図書館

との意義は，益々大きなものになってきているといえよう。

注

1：学校図書館法第4条では「学校図書館を児童又は生徒及び教員の利用に供する」方法
として，5つの項目を挙げる。その5に「他の学校の学校図書館，図書館，博物館，
公民館等と緊密に連絡し，及び協力すること」としている。また，図書館法第3条は
「図書館は，図書館奉仕のため，土地の事情及び一般公衆の希望に沿い，さらに学校
教育を援助し，及び家庭教育の向上に資することとなるように留意し，おおむね次に
掲げる事項の実施に努めなければならない」として9項目を挙げる。その4に「他の
図書館，国立国会図書館，地方公共団体の議会に附置する図書室及び学校に附属する
図書館又は図書室と緊密に連絡し，協力し，図書館資料の相互貸借を行うこと」とあ
り，その9にも「学校，博物館，公民館，研究所等と緊密に連絡し，協力すること」
とある。

2：『文部科学省事業評価書（平成18年度新規・拡充事業等）』(2005年)「11学校図書館支援
センター推進事業（新規）」, http://www.mext.go.jp/a_menu/hyouka/kekka/05090202/
015.pdf, (参照2015-11-28) による。

3：永利和則「公共図書館における学校支援の一考察―文部科学省『学校図書館支援セン
ター推進事業』の実施状況を中心に―」(第52回日本図書館研究会研究大会〈2011年
2月19日〉発表資料)。http://www.nal-lib.jp/events/taikai/2010/shiryo/nagatoshi.pdf,
(参照2015-11-28)。なお，この資料については米谷優子「情報化と学校図書館―デジ
タルメディアとの関わりから―」(『園田学園女子大学論文集』47〈2013年1月〉) か
ら教示を受けた。また，永利氏は後に，日本図書館情報学会研究大会においても，前
述の所論の内容を進めた発表をされている（「学校図書館支援センター推進事業の成
果と課題」〈『第62回日本図書館情報学会研究大会発表論文集』, 2014年11月〉)。

4：拙稿「学校図書館と公共図書館の情報サービスにおける協力の動向と今後への提言―
学校図書館側からの協力という視点を中心として―」(『十文字学園女子大学短期大学
部研究紀要』45, 2015年3月，本書第Ⅱ部第2章に収録)。

5：『公立図書館の設置及び運営に関する基準（報告）』(生涯学習審議会社会教育分科審
議会施設部会図書館専門委員会，1992年)。http://www.mext.go.jp/b_menu/hakusho/
nc/t19920617001/t19920617001.html, (参照2015-11-28)。『公立図書館の設置及び運
営に関する基準（報告）』『公立図書館の設置及び運営上の望ましい基準』『図書館の
設置及び運営上の望ましい基準』については，前掲注⑷拙稿の注⑸においてその成立
経緯を説明している。

6：国立教育政策研究所『学習指導要領データベース』による。https://www.nier.go.jp/
guideline/, (参照2015-11-28)。

7：『子どもの読書活動の推進に関する法律』，国及び自治体の推進計画については，国立

国会図書館国際子ども図書館『国内の子どもの読書活動推進に関する法令・計画』による。http://www.kodomo.go.jp/promote/index.html,（参照2015-11-28）.

8：文部科学省『審議会別　諮問・答申等一覧』による。http://www.mext.go.jp/b_menu/shingi/chukyo/chukyo0/toushin/1216131_1424.html,（参照2015-11-28）.

9：『これからの図書館像―地域を支える情報拠点をめざして―（報告）』は、「これからの図書館の在り方検討協力者会議」によりまとめられた。

10：いずれの引用も『新しい時代を切り拓く生涯学習の振興方策について―知の循環型社会の構築を目指して―』による。

11：「学校図書館情報化・活性化推進モデル地域指定事業について」（『教育委員会月報』47-3，1995年6月）。

12：『平成13年度文部科学白書』（文部科学省）http://www.mext.go.jp/b_menu/hakusho/html/hpab200101/,（参照2015-11-28）.

13：『文部科学省事業評価書―平成16年度新規・拡充事業，継続事業，及び平成14年度達成年度到来事業』「Ⅱ．事業評価結果．1．新規・拡充事業．政策目標2確かな学力の向上と豊かな心の育成．学校図書館資源共有ネットワーク推進事業（新規）」http://dl.ndl.go.jp/view/download/digidepo_1002581_po_010.pdf?contentNo=10&alternativeNo=,（参照2015-11-28）.『学校図書館資源共有ネットワーク推進事業の推進地域決定について』http://www.mext.go.jp/a_menu/sports/dokusyo/suisin/04090801.htm,（参照2015-11-28）.

14：「『学校図書館支援センター』のありかたを調査研究―文科省新規事業，指定地域40地域決まる―」（『学校図書館』672，2006年10月）。

15：「学校図書館支援センター推進事業―2007年度新規推進地域に19地域―」（『学校図書館』682，2007年8月）。

16：中村由布「学校図書館と公共図書館の連携―学校図書館支援センター推進事業指定地域へのアンケート調査を実施して―」（『図書館界』61-1，2009年5月）。

17：前掲注3永利和則「公共図書館における学校支援の一考察―文部科学省『学校図書館支援センター推進事業』の実施状況を中心に―」。

18：『確かな学力の育成に係る実践的調査研究』http://www.mext.go.jp/component/a_menu/education/detail/__icsFiles/afieldfile/2011/09/07/1310574_1.pdf,（参照2015-11-28）.

19：『学校図書館の活性化推進総合事業（新規）【達成目標2-1-2】』http://www.mext.go.jp/a_menu/hyoukakekka/08100105/020.htm,（参照2015-11-28）.なお、「学校図書館の活性化推進総合事業」は当初2009～2012年度の予定であったが、2009年度のみで廃止となった。「学校図書館の活性化推進総合事業」（『平成22年度行政事業レビューシート』http://www.mext.go.jp/component/a_menu/other/detail/__icsFiles/afieldfile/2010/08/27/1295317_13.Pdf,（参照2015-11-28）.

20：前掲注18『確かな学力の育成に係る実践的調査研究』。なお、『平成25年度行政事業レビューシート』では、「確かな学力の育成に係る実践的調査研究」の事業開始が「平成

22年度」とある。http://www.mext.go.jp/component/a_menu/other/detail/__icsFiles/afieldfile/2013/08/28/1336915_2.pdf（参照2015-11-28）。また，その事例は，文部科学省の「学校図書館を活用した取組事例集」で紹介されている。http://www.mext.go.jp/a_menu/shotou/dokusho/link/1318154.htm,（参照2015-11-28）．

21：「平成25年度文部科学省概算要求について（学校図書館及び公立図書館への支援施策）」『図書館雑誌』106-10（通巻1067，2012年10月）。

22：「文部科学省における学校図書館・公立図書館への支援施策」『図書館雑誌』107-10（2013年10月）。

23：国立国会図書館国際子ども図書館『学校図書館関係団体・学校図書館支援センター等』，http://www.kodomo.go.jp/study/link/school.html,（参照2015-11-28）．

24：市川直美・谷嶋正彦「公共図書館と学校図書館の連携—さいたま市の事例より—」（『図書館界』59-2，2007年7月）。

25：小林恵子「学校司書の全校配置を生かした支援と連携を目ざして—⑥新潟市立中央図書館学校図書館支援センター——」（『学校図書館』735，2012年1月）。同センターはその後，3年間の試行を経て2011年から本格運営されている。

26：この事例集は，「連携」「様々な利用者へのサービス」「課題解決支援」「まちづくり」「建築・空間づくり」「電子図書館」「その他」に区分され，各図書館の取り組みの要旨をリーフレット形式で閲覧できるようになっている。http://www.mext.go.jp/a_menu/shougai/tosho/jirei/index.htm,（参照2015-11-28）．

27：名取市図書館ホームページ，http://www.city.natori.miyagi.jp/tosyokan/index.html,（参照2015-11-28）．

28：鯖江市ホームページ，http://www.city.sabae.fukui.jp/pageview.html?id=10452,（参照2015-11-28）．

29：新居浜市ホームページ，http://www.city.niihama.lg.jp/,（参照2015-11-28）。

30：『市民と共に歩む図書館をめざして—東久留米市立図書館のめざすもの—』（東久留米市立図書館，2010年），https://www.lib.city.higashikurume.lg.jp/clib/rules/pdf/arikata.pdf,（参照2015-11-28）．

31：中谷佳主枝「学校図書館をもっと元気に！「人」「もの」「情報」ステーション—⑨浜松市学校図書館支援センター——」（『学校図書館』745，2012年11月）。

32：鳥取県立図書館ホームページ，http://www.library.pref.tottri.jp/index.html,（参照2015-11-28）．

33：奥原貴美子「学校図書館・公共図書館が共に支える子どもの調べ学習」（『図書館雑誌』108-10，2014年10月）。また，近年注目されている荒川区学校図書館支援室のように，学校図書館支援室を設置している自治体もある。

34：小林路子『多メディアを活用する力を育もう—教育の情報化と学校図書館—』（シリーズいま，学校図書館のやるべきこと5，ポプラ社，2005年）。

35：富永香羊子「市川市教育センターにおける学校図書館支援の在り方—『生きる力・夢や希望を育む学校図書館』を目指して—」（『明治大学図書館情報学研究会紀要』3，

第3章　学校図書館と公共図書館との情報サービスにおける連携協力の考察　|　*145*

2012年）。

36：石井嘉奈子「市川市における『学校とのネットワーク』」（『こどもの図書館』47-11，2000年11月），福島康子「公共図書館と学校図書館の連携ネットワーク—公共図書館側から見た，市川市における『学校図書館支援センター事業』—」（『初等教育資料』909，2014年1月）。

37：情報サービスについては諸説あるが，前掲注4拙稿「学校図書館と公共図書館の情報サービスにおける協力の動向と今後への提言—学校図書館側からの協力という視点を中心として—」において触れたように，ここでは大串夏身氏の定義に従い，レファレンスサービスに加えレフェラル・サービスやカレントアウェアネスサービスなどを加えたものとして情報サービスを捉えることとする。

38：前掲福島康子「公共図書館と学校図書館の連携ネットワーク—公共図書館側から見た，市川市における『学校図書館支援センター事業』—」。なお，この貸し出し数には，学級文庫への団体貸出が含まれている。

39：大橋留美子「ネットワークを生かした学校支援—白山市学校図書館支援センターの取り組み—」（『図書館雑誌』104-3，2010年3月），「ネットワークを生かしたきめ細かな学校図書館支援—⑤白山市学校図書館支援センター—」（『学校図書館』733，2011年11月）。

40：白山市学校図書館支援センターホームページ，http://www.city.hakusan.lg.jp/kyouiku/matto_Library/gaxtukousien/hakusanshi-gakkotosyokan-siencenter.html，（参照2015-11-28）。

41：原田由紀子「図書館を活用した学校教育を支援する—①東出雲町学校図書館支援センター—」（『学校図書館』727，2011年5月），原田由紀子『東出雲発！学校図書館改革の軌跡—身近な図書館から図書館活用教育へ—』（国土社，2012年）。

42：「松江市の図書館活用教育」，http://www1.city.matsue.shimane.jp/kyouiku/gakkou/gakkoutosyokan/gakkoutosyokannkyouiku.data/slleaflet-H26.pdf，（参照2015-11-28）．

43：「学び方指導体系表—子どもたちの情報リテラシーを育てる—」，http://www1.city.matsue.shimane.jp/kyouiku/gakkou/gakkoutosyokan/gakkoutosyokannkyouiku.data/taikeihyou_6.2.pdf，（参照2015-11-28）．なお，情報リテラシーについては，拙稿「学校図書館における情報サービスの意義と重要性」（『コミュニケーション文化』9〈2015年3月〉，本書第Ⅱ部第1章に収録）においていささか考察したことがある。

44：「学校図書館支援センターだより」，http://www1.city.matsue.shimane.jp/kyouiku/gakkou/gakkoutosyokan/rainbow.html，（参照2015-11-28）．

45：『市川市の図書館2014』（市川市教育委員会生涯学習部中央図書館，2014年）。

46：石井嘉奈子「こどもとしょかんのカウンターから」（『あうる』77，図書館の学校，2007年6月）。

47：『新・参考業務月報』2008年7月号（市川市中央図書館），http://www.city.ichikawa.lg.jp/common/000113909.pdf，（参照2015-11-28）．

48：http://crd.ndl.go.jp/reference/，（参照2015-11-28）．このデータベースには，学校図書

館も2014年より参加している（『学校図書館』769〈2014年11月〉）。

49：http://www.u-gakugei.ac.jp/~schoolib/,（参照2015-11-28).

50：この単元は小学校5年生の社会科でも学ぶ内容であり，白山市学校図書館支援センターの「学校からのレファレンス」には教科名は書かれていないのでその区別を判断することは難しい。そこで，ここには関連項目を一括して列挙した。

51：福田雅人「転換期の図書館とレファレンスサービス」（『図書館雑誌』103-9，2009年9月）。

52：塩見昇「教育の中身をつくる協働―学校図書館と公共図書館との連携の新展開―」（『図書館の発展を求めて―塩見昇著作集―』日本図書館研究会，2007年，初出は2005年3月），平久江祐司「言語活動の充実を支援する学校図書館―地域連携型の学校図書館へ―」（『現代の図書館』52-1，2014年3月）参照。

第 4 章

学校図書館における読書相談サービスの可能性

1. はじめに

　図書館サービスの一つとして，読書相談あるいは読書案内と呼ばれるサービスがある（読書アドバイス・資料相談などの呼称もある）。『市民の図書館』では読書案内という言葉を用いて，「利用者の図書選択を助け，利用者の要求や課題と図書を結びつける仕事」と定義している[1]。これには，利用者が利用する図書を特定している場合と特定されていない場合とが考えられる。特定されていない場合にも，主題がある程度明確な場合から，何も決まっていない場合まで幅がある[2]。『市民の図書館』にある「小鳥の飼い方の本を知りたい」「フランス語の入門書でいい本を知りたい」という事例は，図書は特定されていないが，主題がある程度明確な場合に相当するであろう。また，岡山市の学校図書館活動を推進された宇原郁世氏が「学校図書館の仕事とは」の中で挙げている「なにか面白い本（恐い本，泣ける本……）なーい」は，何も決まっていない場合の例になるだろう[3]。

　読書相談は，『市民の図書館』以来，公共図書館を中心に提供されているサービスだが[4]，「実践の積み重ねが少ないサービス」であり，「議論が活発化したのは，1990年代以降である」といわれる[5]。これは薬袋秀樹氏が読書相談（薬袋氏は読書案内の用語を使用）を重視，貸出のカウンターと別に，専用デスク設置の提案をしたことに対して賛否両論の出たことを契機としている[6]。

　翻って学校図書館の場合を見てみると，読書相談はその重要性が認識されながらも，公共図書館よりもさらに，あまり注意されてこなかったサービスではないだろうか[7]。学校図書館を活用した読書指導の大切さが認識されている現

在，これまでのところ学校図書館における読書相談の位置付けや役割は，正面から取り上げられていないのではないだろうか。そこで，本章では学校図書館の役割を読書相談に焦点を当てて考察し，読書相談の今後の可能性について考えてみたいと思う。

2. 司書課程・司書教諭課程のテキストにおける
読書相談・読書案内の使用例

　読書相談・読書案内および読書アドバイスは同義で使われることが多いが，司書課程・司書教諭課程で使用されているテキストの中で，それらに触れているものを管見に触れた範囲ではあるが挙げてみよう（「表1」[8]）。

　ここには，合わせて25のテキストから該当部分を掲出した。これらを眺めると読書相談・読書案内を定義していない図書も少なからずあり，その用語の概念をどのように捉えているのか明確にすることは難しい点もある。しかし，(ヌ)のように2つを別に挙げている例もあるが，総じて読書相談と読書案内，と用語は違うもののあまり相違なく使用しているものが多いように見受けられる。

　これら一連のテキストの記述から窺える特徴を，2つ挙げてみる。その1つが，アメリカの readers' advisory service を淵源とするサービスであることに言及している図書が複数あることである。(ウ)(エ)(オ)(カ)(セ)(ソ)(ノ)がそれである。アメリカの readers' advisory service が，利用者の読書の際の選書に継続的に関わるサービスであることが説明されている。この内，(オ)では，readers' advisory service でも，アメリカとイギリスに相違のあることも説明されている。また，(ウ)(カ)では，アメリカの readers' advisory service を淵源とする読書相談と，日本で一般に受けとめられている読書相談との相違に触れている。

　その2として，読書相談・読書案内は貸出業務の一環か，情報サービスのそれか，という点で見解の分かれていることが挙げられる。これは，(セ)(チ)(ニ)が指摘するように，情報サービス（ここではレファレンスサービスを中核とするサービスを情報サービスとする）[9]と読書案内との境界線を設けることが難しいことにも起因している。この問題はかつて，日本図書館協会公共図書館部会

参考事務分科会により作成された『参考事務規程』（1961年）は「読書相談は
参考事務の一部として取り扱う」と記し（ただし，分科会の座長を務めた志智
嘉九郎氏は『レファレンス・ワーク』で「reference と読書相談とは別個のも
のという立場をとる」と述べている）[10]，『市民の図書館』は「貸出しには，資
料を貸出すことのほかに，読書案内と予約サービスを含み」と記しているとこ
ろにもその区分の難しさが示されている[11]。

　一連のテキストの中で，(ア)は図書館サービスの三区分の１つに位置付けてい
るほか，(イ)(ク)(セ)(ソ)(タ)(ツ)(ノ)は読書相談・読書案内を貸出業務の側に位置付け，(ウ)
(エ)(オ)(カ)(キ)(ス)(チ)(テ)(ナ)(ネ)は情報サービスの側に位置付けている。

　読書相談と読書案内という用語の区別，このサービスは貸出業務なのか，情
報サービスなのか，という２つの問題は，次節で改めて取り上げてみたい。

３．読書相談と読書案内

　読書相談と読書案内という用語がほぼ同義で使用されている現状について
は，薬袋秀樹氏が

　　読書案内に類似した言葉に読書相談がある。前川恒雄は読書案内を用い
　　ており，その理由として，読書相談は，読書案内とほぼ同義であるが，利
　　用者の動作を示す用語であって図書館側の業務の意味にならないことをあ
　　げている。読書相談と読書案内は，立場や観点は異なるが，同じ行為を示
　　すものと考えられている。一般には，この観点の区分が不明確なまま，ほ
　　とんど同義に用いられているようである。

と言われている[12]。２つの用語がほぼ同義で使用されていること，前川恒雄氏
が読書相談という言葉を使わずに，読書案内という言葉を使った理由が紹介さ
れている。また，薬袋氏は「『市民の図書館』の理論を継承・発展させるた
め」に読書案内の用語を使用していることに触れ，「現在では，図書館利用の
目的は読書だけではないため，この用語は必ずしも適切ではない。用語につい
ても図書館界での論議が望まれる。」と問題提起をされた[13]。

　読書相談・読書案内の用語の問題は軽軽に論じられないが，本章では学校図

書館を児童・生徒を中心とする利用者の観点から考えたいので，読書相談という用語を使用する。また，先述のように読書相談にはアメリカの readers' advisory service の訳語という側面のあることが指摘されており，利用者への継続的な読書指導という方向性も重要な問題である。しかし，ここではひとまず(ウ)(カ)が触れている，利用者の読書資料選択のための情報提供という意味合いで読書相談の用語を使用することとする。

　先に挙げた 2 つ目の問題，読書相談は貸出業務の一環か，情報サービスの一環なのか，も軽軽に論じられない問題である。例えば，前掲の(イ)(セ)(タ)は，レファレンスサービスが専門資料や参考図書を使用した調査研究，読書相談 ((セ)(タ)は読書案内の用語を使用) は利用者の日常的な読書に関係する事柄，に関与するという区分をしている。しかし，実際にはこのような線引きをするのは難しいのではないだろうか。

　その点で参考になるのは，小田光宏氏の所論である。それは，前掲(ソ)の『図書館サービス論』に収められている。同書は前掲「UNIT27　読書案内」が「資料提供の展開」の部にあるのに対して，小田氏執筆の「UNIT32　利用者からの相談」が「情報提供」の部にある。そこでは，「UNIT27　読書案内」との関連を踏まえつつ，利用者という観点で読書相談を考察している。利用者からすれば図書館員に対する質問という形を取るから，「『レファレンス質問』と『読書案内』に寄せられる『質問』とに，違いを設けることが難しくなる」と述べられている。また，「何か困ったとき，わからないことが生じたとき，図書館職員がいて，問い合わせに応じられる場があるならば，内容や回答の種別などとは無関係に，相談を寄せるのである。」といわれる。それはまた，図書館員の知識や技術の面でも，「『読書案内』と『レファレンスサービス』は，同一のものであると認識することが望ましい。」という。筆者は，この小田氏の所論に同感である。学校図書館の場で考えると，児童・生徒には，読書相談の質問と情報サービスの質問を区別する意識などないだろう。

4．学校図書館と読書相談

　読書相談の問題と関連する学校図書館を利活用した読書指導への提言について，国の施策を確認しておこう。近年の動向としては，2008・2009年に改訂された現行の学習指導要領，2009年に子どもの読書サポーターズ会議により発表された「これからの学校図書館の活用の在り方等について（報告）」，2014年に学校図書館担当職員の役割及びその資質の向上に関する調査研究協力者会議によりまとめられた「これからの学校図書館担当職員に求められる役割・職務及びその資質能力の向上方策等について（報告）」，2016年10月に学校図書館の整備充実に関する調査研究協力者会議により発表された「これからの学校図書館の整備充実について（報告）」がある。

　「これからの学校図書館の活用の在り方等について（報告）」では学校図書館が読書センター及び学習・情報センターと位置付けられていたが[14]，「これからの学校図書館担当職員に求められる役割・職務及びその資質能力の向上方策等について（報告）」では読書センター・学習センター・情報センターと3つの機能をもつ施設と位置付けられ[15]，その考え方は「これからの学校図書館の整備充実について（報告）」でも継承されている[16]。

　また，現行の学習指導要領では，言語活動の充実・探求的な学習が強く打ち出され，それらと読書活動の推進が結びつけられている。これは，先の3つの報告でも強く意識されている。このような潮流の中，桑田てるみ氏は「学校および学校図書館では，読書活動とPISA型読解力の育成とを密接に関係付けて考えることが増えている。」と指摘されている[17]。今日では，学習指導と連動した形での読書指導が強く意識されているといえよう。

　それでは読書相談は，これらの報告でどのように扱われているだろうか。「これからの学校図書館の活用の在り方等について（報告）」は，参考資料の「学校図書館の運営・活用に当たっての司書教諭とその他教諭等の役割例」（別紙1），「学校図書館の専門スタッフとボランティアの役割分担例［改訂］」（別紙2）に，用語の定義はないが読書相談が出ている。別紙1は，役割を「図書

館経営」「図書館奉仕」「読書指導」「教科等指導」の4つに分け，「読書指導」
に「司書教諭を中心とした学校図書館担当教諭等の業務」と「授業・指導を担
当する個々の教諭等の業務」の複合領域に，「読書活動の企画・実施」「読書相
談」「図書（読み物）の紹介・案内」を配置している。別紙2は，「読書活動」
の項目で，司書教諭と学校司書の複合領域に「読書相談」「図書（読み物）の
紹介・案内」「読書指導に関する教員への助言・研修」「読書活動の企画・実
施」を配置している。

　「これからの学校図書館担当職員に求められる役割・職務及びその資質能力
の向上方策等について（報告）」では，本文には読書相談の言葉は出てこな
い。しかし，「6．参考事例(1)学校図書館担当職員の活躍事例」に挙げられて
いる14校の内，2校でそれぞれ「利用案内，読書案内」「読書案内，予約・リ
クエストサービス」の項目が見られる。同報告は，学校図書館担当職員の職務
を「間接的支援」「直接的支援」「教育指導への支援」の3つに分けるが，2校
は共に，「直接的支援」の中に「読書案内」を位置付けている。

　「これからの学校図書館の整備充実について（報告）」にも，読書相談の言葉
は出ていない。しかし，同報告発表の際に示された「学校司書のモデルカリ
キュラム」で示された10科目の内，「学校図書館サービス論」が注目される。
そこには，「学校図書館における児童生徒及び教職員へのサービスの考え方や
各種サービス活動についての理解を図る。」ことをねらいとして，10項目の内
容が見える。その中に，「6)児童生徒への読書支援（図書館行事，図書リス
ト，読書推進活動，読書相談）」とある。

　これら近年の読書指導に関連する国の施策にも，読書相談が提示されている
ことを確認できる。

5．学校図書館における読書相談の実際

　冒頭で触れたように，読書相談は利用者が図書を特定している場合から，特
定していない場合まで，かなり幅の広いものが考えられる。中でも，宇原氏が
挙げている「なにか面白い本（恐い本，泣ける本……）なーい」といった相談

は，その典型的な事例といえよう。このような事例の読書相談を，学校図書館の場で考えてみよう。

　そのことを考える上で参考になるのが，司書教諭・学校司書などの発言である。それを『図書館雑誌』に連載されている「れふぁれんす三題噺」に見てみる[18]。「れふぁれんす三題噺」の中で，学校図書館から発信されている事例は30余ある。その内，図書を特定していない読書相談の事例は，以下の12の事例である（「表2」[19]）。

　ここに挙げた12の事例を見ると，共通する要素が見られる。(A)「中学生が主人公の物語」(C)「中高生が主人公のリアルな物語」(D)「男子が共感できるリアル系の物語……男子中学生が主人公」(F)「生徒が惹かれそうなテーマの小説」である。これらは読書資料の主人公が生徒たちに近い世代であるもの，というところに共通点がある。これには，(L)のライトノベルも共通する要素があるだろう。(A)の国語科(D)(F)の読書感想文(E)のブックトークは，学校における読書指導の場面との関連という点で共通する。また(G)と(K)は，入学試験への対応の必要性から生徒が読書相談を求めている事例である。(E)(F)(G)(H)(J)は児童・生徒との対話の重要性という点で共通している。これらの問題については，次節で改めて検討してみることとしよう。

6．学校図書館における読書相談の可能性

　前節に挙げた12の事例の共通性を踏まえて，学校図書館における読書相談の今後の可能性を考えてみよう。考えられる可能性の第1点として，学校の教育課程における場面との関連性が挙げられる。(A)では，国語科で，「中学生が主人公の物語」を生徒が選択して，その内容の要約を作成するという授業が紹介されている。この場合，何を選択してよいかわからない生徒に対して，学校司書として1冊の図書を提供した様子を述べている。(D)(F)では夏休みの読書感想文の課題で，対象とする図書の選択をする問題が取り上げられている。そこでは，生徒が選択に迷ったり何の図書を選択してよいかわからない時の対応が述べられている。(E)は自分自身がブックトークをすることを求められた生徒が，

取り上げる図書を全く決められない状況の中，読書相談を通して学校司書が，取り上げる図書の方向性を示した事例である。

　また，(G)は推薦入試の対策として，「医療の本をいくつか読んでおきたい」という生徒への対応であり，(K)も入試対策の図書を求めている生徒の質問が取り上げられている。課題図書が指定されていない場合には，読書相談を求める児童・生徒の多いことが想定される。(E)のようにブックトークを課された生徒が，どのような図書を選択してよいかわからない，という場合にも読書相談は有効であろう。

　このような読書感想文・ブックトーク・入試対策などのほか，全国で広く進められている朝読書でも，同じことが考えられる。朝読書でも，読むべき図書について何を選択してよいかわからない，という児童・生徒のいることが予想される。そのことを示唆するのが次の実践報告である。

　　後藤准子「読書感想文からブックトークへ—個別指導を大切にした夏休みの読書指導—」[20]

　　　　夏休み前の朝読書が始まった。……自分は何を読めばよいのかわからない生徒もいる。朝読書の時間は短いので，放課後を利用し１人ずつ図書館で本の選定の相談にのった。……多くの生徒に本に親しんでもらいたいからこそ，本選びという出発点の段階での個に応じた読書相談に時間をかけるべきであると考えている。

ここに示されるように，朝読書でも読書相談は児童・生徒に示唆を与えることが考えられる。

　このような学校における場面の設定が想定されると共に，対応策という点からも読書相談は検討すべき点がある。その１つが，レファレンスインタビューである。先の(E)(G)(H)(J)はその重要性を示唆している。レファレンスインタビューは，読書相談の中でも，(E)が示すように読みたい図書が特定されていない場合には，極めて重要である。学校図書館におけるレファレンスインタビューの技法は，いまだ十分に確立されていない問題ではなかろうか。この確立のためには，司書教諭・学校司書と公共図書館の職員の共同研究という方向性も考えられる。

第4章　学校図書館における読書相談サービスの可能性　|　*155*

　また，対応策の2として，ブックリストやパスファインダーの作成が考えられる。(F)(G)がそれに関する取り組みを述べている。また，(F)(G)からは，各学校を横断して結成する研究会などでの共同研究の取り組みの有用性も述べている。この内のブックリストの作成は，パスファインダーの提供とも連動する。これには先の(A)(C)(D)(F)(L)に共通するように，主人公が同世代であるなど，児童・生徒の共感を呼ぶ読書資料の研究も課題の1つになるであろう。

7．おわりに

　「なにか面白い本はないか」といったような読書相談が，学校図書館において児童・生徒からしばしば発せられることが指摘される。それに比して，学校図書館と読書相談の関連性は，あまり注意されてこなかったのではないか，という問題関心から当該課題を検討した。

　はじめに，司書課程・司書教諭課程のテキストにおける読書相談あるいは読書案内・読書アドバイスに関する記述を分析した。その結果，それらの用語はあまり区別されずに使用されていること，読書相談を貸出業務の一環とする立場，情報サービスのそれとする立場に見解が分かれていることを明らかにした。前者については，本章では学校図書館を児童・生徒を中心とする利用者という観点から考えたいので，読書相談という用語を使用することを述べた。後者については，小田光宏氏の所論に賛成して，利用者からすればレファレンスサービスも読書相談も区別はない，とするのが妥当ではないかと考えた。

　次に，国の近年の一連の施策を通して，学校図書館における読書相談の位置付けを確認した後，司書教諭・学校司書の読書相談への対応を，『図書館雑誌』に連載されている「れふぁれんす三題噺」から12例取り上げた。それらの事例の共通点を考察した後，それらを踏まえて学校図書館における読書相談の可能性を検討した。具体的には，読書感想文の作成・ブックトーク・朝読書といった学校の教育課程の場面に，読書相談を活かす場が考えられること，それは大学等への入学試験への取り組みにも適用が考えられることを指摘した。

　読書相談の方法に関しては，レファンレスインタビューの手法の検討，ブッ

156 | 第Ⅱ部 現代の図書館

クリスト・パスファインダーの作成が考えられること，個々の学校を横断した研究会の結成も有効であろうことを述べた。

今後は，改めて学校図書館における読書相談の可能性を検討してみるべきではないだろうか。

注

1：『市民の図書館』（日本図書館協会，1970年，増補版1976年）。

2：前川恒雄編『貸出しと閲覧』（シリーズ・図書館の仕事13，日本図書館協会，1966年）参照。

3：塩見昇編著『図書館員への招待』（教育史料出版会，1996年）「［Ⅱ］図書館員の仕事とは―人と資料のたしかな出会いのために」所収。

4：前園主計編著『新訂図書館サービス論』（新現代図書館学講座4，東京書籍，2009年）「第3章　読書案内と予約・リクエスト」（田村俊作執筆）参照。なお，同書は読書相談を「アメリカで発達したサービス」であり，「読書相談業務は読書案内の重要な構成要素である。」としている。この点については，後述することとしたい。

5：小田光宏編著『図書館サービス論』（JLA図書館情報学テキストシリーズⅡ-3，日本図書館協会，2010年）「UNIT27　読書案内」（乙骨敏夫執筆）。

6：薬袋秀樹「読書案内サービスの必要性―利用者の質問・相談・リクエストを受けとるために―（前篇）」〈『図書館雑誌』88-6，1994年6月）「読書案内サービスの必要性―利用者の質問・相談・リクエストを受けとるために―（後篇）」（『図書館雑誌』88-7，1994年7月）など。これに対する反対論には田井郁久雄「貸出しにおける専門性」（『みんなの図書館』226，1996年2月）などがある。

7：前掲注3『図書館員への招待』に所収されている宇原郁世「学校図書館の仕事とは」の中で，学校図書館の現状と読書相談の重要性に言及されている。

8：158ページからの表1は，読書相談の用語を使用するテキスト・読書案内の用語を使用するテキスト・読書相談と読書案内の両方の用語を使用するテキスト・読書アドバイスの用語を使用するテキストの4つに分けて，それぞれ司書課程・司書教諭課程の順に科目別・年代順にテキストを配列した。掲げたテキストには便宜的に五十音を付し，また，同一のシリーズで新版が刊行されているものについては，旧版を割愛した。引用部分は必要最小限にとどめたが，それでも分量が多くなったので，章末に一括して掲載した。また，本文と同じ組み方にすると文字が小さくなり，頁数もさらに増大するので版面を90度回転させて組んだ。また，引用したテキストの中には注記したいものが3つあるが，表1に注の番号をつけると，引用との識別が困難になるので，ここにまとめて注記する。(ク)『児童サービス論』（勉誠出版）の「第2章　市町村立図書館の児童サービス」「Ⅴ　カウンター・ワーク」は，「1．貸出業務」から

始まり，「Ⅵ　レファレンスサービス」という構成なので，読書相談は資料提供サービスに位置付けていると考えられる。（セ）『新訂図書館サービス論』（東京書籍）では，同章の③を「利用者自身に求める図書が明確になっているばあいでも，もっと広い範囲でより適切な図書が選択できるように援助する。」と説明されている。次に（ソ）『図書館サービス論』（日本図書館協会）は，「以下議論することにしたい。」と述べた後，アメリカの readers' advisory service が説明されている。

9：本稿では，レファレンスサービスに加えレフェラル・サービスやカレントアウェアネスサービスなどを加えたものとして，情報サービスを捉えることとする。これについては，拙稿「学校図書館と公共図書館の情報サービスにおける協力の動向と今後への提言―学校図書館側からの協力という視点を中心として―」（『十文字学園女子大学短期大学部研究紀要』45，2015年3月，本書第Ⅱ部第2章に収録）で取り上げた。

10：『レファレンス・ワーク』（赤石出版，1962年，覆刻版　天理，日本図書館研究会，1984年）。

11：『市民の図書館』は児童サービスの項を清水正三氏が書いたほかは，前川恒雄氏が執筆した。前川恒雄『移動図書館ひまわり号』（筑摩書房，1988年）参照。

12：『市民の図書館』における「貸出し」の論理―「貸出冊数偏重政策」への批判をめぐって―」（『図書館界』40-6，1989年3月）。

13：前掲注6「読書案内サービスの必要性―利用者の質問・相談・リクエストを受けとるために―（後篇）」。

14：「これからの学校図書館の活用の在り方等について（報告）」http://www.mext.go.jp/a_menu/shotou/dokusho/meeting/__icsFiles/afieldfile/2009/05/08/1236373_1.pdf，（参照2017-5-06）.

15：「これからの学校図書館担当職員に求められる役割・職務及びその資質能力の向上方策等について（報告）」http://www.mext.go.jp/component/b_menu/shingi/toushin/__icsFiles/afieldfile/2014/04/01/1346119_2.pdf，（参照2017-5-06）.

16：「これからの学校図書館の整備充実について（報告）」http://www.mext.go.jp/a_menu/shotou/dokusho/link/__icsFiles/afieldfile/2016/12/19/1380597_02_1.pdf，（参照2017-5-06）.

17：「学校・学校図書館を取り巻く新しい読書活動―集団的・戦略的読書の視点から―」（『カレントアウェアネス』309，2011年9月）。

18：「れふぁれんす三題噺」の連載は『図書館雑誌』において1995年1月から開始され，現在も継続中の連載である。本章では連載開始から，2017年3月の111巻3号までを考察の範囲とした。

19：167ページからの表2は，読書相談等の言葉を使用していなくとも，内容からそれに関連すると判断したものも取り上げた。また，便宜的にアルファベットを付した。表1同様に，引用部分は必要最小限にとどめたが，それでも分量が多くなったので，章末に一括して掲載した。また，組み方も同様とした。

20：『学校図書館』681，2007年7月，大阪市立花乃井中学校教諭。

158 | 第Ⅱ部　現代の図書館

表1

読書相談という用語を使用するテキスト

	編著者	タイトル等	出版社・出版年等	内容
(ア)	高山正也・岸田和明	『図書館概論』「1章 図書館の意義と機能」「3. 図書館の機能とサービス」(逸村裕・岸田和明執筆)「(2)図書館サービスと活動」a.閲覧・貸出サービスと複写サービス b.レファレンスサービス c.利用教育・読書相談	現代図書館情報学シリーズ1. 樹村房. 2011年	一方、図書館の基本機能のひとつが読書の支援であることを考えれば、膨大な量の図書の中から個々人が読む本を適切に選択するための読書相談(または読書指導)もまた、重要な図書館サービスであるといえる。
(イ)	金沢みどり	『図書館サービス概論』「第4章 資料提供に関するサービス」	第2版. ライブラリー図書館情報学5. 学文社. 2016年	レファレンスサービスにおける利用者への援助が、ある特定の専門分野の資料や参考図書などを使用して利用者の調査研究にかかわるのに対して、読書相談サービスは利用者の日常的な読書とその資料の入手にかかわっている。……
(ウ)	渋谷嘉彦	『改訂情報サービス概説』「第3章 情報サービスの実際―さまざまな情報サービス―」「2. ①情報サービスを構成するさまざまなサービス」(杉江典子執筆)	新図書館学シリーズ4. 樹村房. 2004年	読書相談サービスとは、図書館が利用者の興味などに合わせて、どのような図書を選び、読めばよいのかについて個別に援助を行うサービスである。これは、米国の公共図書館で1920年代から1940年代にかけて盛んに行われたサービスである。わが国では、読書相談サービスや読書案内といわれるサービスである。米国で行われた初期の読書相談サービスのようなサービスというより、主に読書資料の選択に答えるサービスとしてとらえることが多い。そのため、貸出サービスの一部として扱われないこともある。

(四)	田村俊作	『新訂情報サービス論』「第1章 図書館の情報サービス」「第3節 レファレンスサービス」「情報サービスの発展と情報サービスへの展開」(田村俊作・杉江典子執筆)	新現代図書館学講座5. 東京書籍. 2010年	グリーンの提言を受けて、レファレンスサービスは米国の公共図書館でまず始まり、徐々に大学図書館など他の館種に広がっていった。……いっぽう、利用者に適書を紹介し、読書のための資料選択を援助する。読書相談サービス (readers' advisory service) とよばれるサービスが、レファレンスサービスと密接に関連したサービスとして登場した。
(五)	小田光宏	『情報サービス論』「UNIT 10 読書相談・学習相談」(間部豊執筆)	JLA図書館情報学テキストシリーズⅢ-5. 日本図書館協会. 2012年	何かおもしろいものはないかといった漠然とした読書要求の場合もあるし、テーマやトピックだけが決まっているような場合もある。こうした利用者が、個別の資料について図書館職員に相談することがある。図書館職員は、資料の選択、探索、入手の方法などに関係する援助を行うことになる。また、必要に応じて、系統的な読書の方法を会得し、それによって読書能力を身に付け、豊富な読書経験ができるようにするものである。…… この活動についての説明においては、いくつかの用語が混在しており、類概念も多いので注意しなければならない。reader's advisory service といっても、イギリスとアメリカでは、その内容が大きく異なっていることも影響している。イギリスのそれは、内容的には貸出図書館 (lending library) におけるレファレンスサービスに相当する。一方、アメリカでは、利用者に対する指導の側面を重視した活動も展開しており、「読書指導」とよんだほうが実態を正確に表すことができる。本書では、こうした背景に配慮し、「読書相談」を用いている。
(六)	竹之内禎	『情報サービス論』「第2章 図書館における情報サービスの種類」(鈴木	ベーシック司書講座・図書館の基礎と展望4. 学文社.	利用者が漠然とした情報ニーズをもって図書を探している場合に、図書館員が利用者の相談に応じて、適切と思われる図書を紹介することを読書相談という。……

注4　読書相談は従来、レファレンスサービスの一部と見なされ、米国の公共図書館においては1920-1940年代まで本格的におこなわれていた。図書館員が利用者にインタビューをおこなって、利用者の関心を明確にすると同時に、その読書能力を見定めて、教育的配慮を計画的に提案していた。しかし、現代ではこのような図書資料を個々人に対しての手厚いサービスがむずかしくなり、読書相談はその規模が縮小している傾向がある。日本の公共図書館においては、多くの場合、利用者が図書資料を選択するための情報提供という意味では、読書相談は情報サービスの一種ではなく、貸出サービスの一部と見なされる。

2013年

	著作執筆			
(キ)	辰巳義幸	『児童サービス論』「第5章 子どもに対する図書館サービス」(大倉玲子執筆)「第2節 読書指導 ―読書への導入と展開」2.調べ物―レファレンス・ワーク (Reference work)	新現代図書館学講座12, 東京書籍, 1998年	児童図書館協会でのレファレンスは、そのほとんどが、通常「宿題調べ」と呼んでいる学習課題の解決と、趣味についての調べごとである。成人に対する図書館サービスでは、レファレンス・ワークを読書相談業務と別にして、担当者そのつけで独立した仕事としているが、児童サービスでは日常業務の一環として、カウンター業務(フロア・ワーク)に組み込んでいる館が多い。
(ク)	伊香左和子	『児童サービス論』「第2章 市町村立図書館の児童サービス」「Ⅴ カウンター・ワーク」6.読書相談	図書館情報学の基礎10, 勉誠出版, 2002年	「たくさん本がありすぎて何を読んでいいかがわからない」といった状況にある子どもを助けて、その子の興味に合いそうな図書を選ぶ手伝いをするのが読書相談である。
(ケ)	山本順一	『学校経営と学校図書館』「第9章 学校図書館活」	第2版, メディア専門職養成シリーズ1,	情報提供サービスは、児童生徒が求める情報にたどりつけるように司書教諭や学校司書が援助する諸活動のことであり、レ

	動の展開」「第2節 児童生徒へのサービス」b. 情報提供サービス（野口武悟執筆）	学文社、2008年	ファレンスサービス、レファラルサービス、読書相談などがある。…… 　'読書相談' とは、児童生徒からの読書に関する質問や相談に応じるサービスである。主には、読み物の選択、探索、入手の援助が中心となる。読書はしたいが何を読んだらよいのかわからない児童生徒は少なくない。こういった児童生徒からの質問や相談にいつでも応じられるようにしておきたい。レファレンスサービスの一部に含める考え方もある。
(ロ)	赤星隆子	『読書と豊かな人間性』「第2章 小学生・中学生・高校生の読書」「2. 小学生と読書」(高梨佐智子執筆) (2)子どもと読書生活(3)高学年の子どもの読書	学校図書館実践テキストシリーズ5、樹村房、1999年	図書室にいる時間が長い司書教諭には、このように子どもからさまざまな読書相談が持ち込まれる。子どもばかりでなく、教師から時には校長先生からも相談を受けることがある。相談内容も必要としている本探しから治療的相談まで多岐にわたるので、……
(ハ)	黒古一夫・山本順一	『読書と豊かな人間性』「第6章 児童生徒の読書と学校図書館、司書教諭のかかわり方」(黒澤浩執筆)「第2節 読書指導と広報」	メディア専門職養成シリーズ4、学文社、2007年	気軽に読書相談を楽しむ子どもたちが出てくることによってますます「頼りにされる学校図書館」になることができる。
(ニ)	図書館教育研究会	『新学校図書館通論』「4 読書と豊かな人間性」(増田信一執筆)	三訂版、学芸図書、2009年	読書相談を実施するにあたって留意すべきことを、次に挙げる。…… 　(1)学校図書館の読書相談 　貸出のカウンターで日常行われている、児童・生徒の図書の利用法に関する簡単な相談や図書委員が対応する図書館や図書の利用法に関する相談から、司書教諭でなければ対応できそうもない読書に関する

	編著者	タイトル等	出版社・出版年等	内容
(六)	大串夏身	『学習指導・調べ学習と学校図書館』「第3章 レファレンスサービスと情報相談」(小山響子執筆) 3-4 読書相談	改訂版. 学校図書館図解・演習シリーズ 3. 青弓社, 2009年	専門的な知識を要する相談まで、いろいろな種類がある。 読書相談は、学校図書館ではとても重要なサービスである。その役割は公共図書館におけるそれよりも大きい。児童・生徒1人ひとりに対するきめこまかなサービスをとおし、読書活動をいっそう推進し、自主的な読書活動を支える。「何かおもしろい本」を求めて児童・生徒は学校図書館にやってくる。これに対して、各自の読書歴や嗜好に合わせて図書を紹介するのが読書相談である。

読書案内という用語を使用するテキスト

	編著者	タイトル等	出版社・出版年等	内容
(七)	前園主計	『新訂図書館サービス論』「第3章 読書案内と予約・リクエスト」(田村俊作執筆)	新現代図書館学講座 4. 東京書籍, 2009年	読書案内は「市民の図書館」ではじめて提唱され、もっぱら公共図書館で提供されているサービスである。公共図書館では、読書案内は貸出の一環として位置づけられている。…… このうち、利用者の図書選択を援助し、利用者の読書要求にあった適書を提供するという③に関連するサービスは、一般に読書相談業務とよばれ、アメリカで発達したサービスである。…… 読書案内の最も大きな特徴は、このようなレファレンスサービスが公共図書館の貸出サービスの一環として提供されている点にある。…… レファレンスサービスにおける人的援助が資料や情報の活用、とくに専門資料やレファレンスブック、データベースを駆使した調査研究におもにかかわるのに対して、読書案内は人びとの日常的な読書におもにかかわり、しかも、そのような読書のための資料の入手にもっぱらかかわっている、という点が最も大きく異なる点である。この理由から、読書案内はレファレンスサービスとはべつにされ、日常的な読書におもにかかわるサー

	著者	書名	出版	内容
				ビスとして、貸出と関係づけられる。
(ウ)	小田光宏	『図書館サービス論』「UNIT27 読書案内」（乙骨敏夫執筆）	JLA図書館情報学テキストシリーズⅡ－3、日本図書館協会、2010年	読書案内には二つの側面がある。一つは特定の資料を探し出す場合で、これは、リクエストサービスに結び付くことが多い。もう一つは、不特定の資料の中から、利用者が必要とするものを選ぶのを助ける場合である。これには、レファレンスサービスも当然関係する。同時に、利用者の読書傾向に合わせて提供する資料を探すという、やや積極的な色彩も含め含まれており、この面に着目して「読書相談」と呼ばれることもある。…… 読書案内にしても読書相談にしてももともとは、readers' advisory service の訳語の範疇になるものと考えられる。基本的には一つのサービスの範疇になることの多かったサービスを、読書案内における「相談的機能」と位置付けて、以下議論することにしたい。
(エ)	金沢みどり	『図書館情報サービス論』「第4章 資料提供に関するサービス」	図書館情報学の基礎3、勉誠出版、2003年	読書案内（reading guide）とは、利用者が読みたい図書を選択したり、必要な資料を探したりするのを援助するサービスのことである。読書案内の意味は、利用者と図書館資料を結びつけることにある。…… なお、レファレンスサービスにおける利用者の援助が、ある特定の専門分野の参考図書や資料などを使用して利用者の調査研究にかかわるのに対して、読書案内は利用者の日常的な読書とその資料の入手のための読書を通して利用者を援助している。
(オ)	赤星隆子・荒井督子	『児童図書館サービス論』「第3章 児童図書館の運営とサービス」4. レファレンス・サービス（読替	新訂版 新図書館情報学シリーズ12、理想社、2009年	子どもが調べたいこと、知りたいことに対して、蔵書を通して答えるサービスである。子どもが出す質問は、教科に関連したいわゆる「宿題調べ」から「おもしろい本、教えて」というものまでの多種多様である。後者への回答は、読書案内やブックトークとしてくくられるサービスだが、その境界線は明確なども

恵子執筆)

	氏名	図書・章	シリーズ・出版社	本文
(ツ)	堀川照代	『児童サービス論』「UNIT 18 資料提供サービス」(伊藤明美執筆)	JLA図書館情報学テキストシリーズⅢ－6、日本図書館協会、2014年	のではない。いずれにせよ、蔵書の内容を詳細に把握し、質問者の理解度に合わせて資料をさがしだす、図書館員の腕の見せどころである。…… 資料には、資料を貸し出すための作業と、利用者の読書要求と資料を結びつける「読書案内」、リクエストサービスを含む。
(テ)	望月道浩・平井歩実	『児童サービス論』「第12章 児童・ヤングアダルトへのレファレンスサービス」「第3節 YAへのレファレンスサービスのあり方」(清野愛子執筆) c. 趣味や娯楽のための読書案内	ベーシック司書講座・図書館の基礎と展望7、学文社、2015年	「バレーボールの技術上達の本はある？」「いま片思いをしているんだけど、泣ける恋愛小説ってある？」「何かおもしろい本ない？」 YA担当さんのおすすめの本を教えて」 こうした類の質問は、いわゆる「落書きノート」や「掲示板」だからこそ出てきた質問といってもよい。
(ト)	天道佐津子	『読書と豊かな人間性の教育』「第8章 読書材の選択と提供」(浅井昭治執筆) 8－2 読書材の提供 8－2－4 読書案内・ブックリスト・広報 (1)読書案内	学校図書館図解・演習シリーズ5、青弓社、2005年	資料案内とか資料相談ともいうが、児童・生徒が探している図書を見つけられるように援助することである。多くの場合、児童・生徒は漠然とした尋ね方をする。もっともといえば成人の場合でも同様で、「旅に関するおもしろい本はないか」といった質問の仕方が多い。図書館スタッフは、相手との話し合いから求めていることを具体的につかんで、援助の仕方を考えなければ的確な対応になる。とくに、児童・生徒への援助は、どんな図書を読みたいのかを察して、即座に複数の図書を並べられるくらいにしたい。
(ナ)	朝比奈大作	『学習指導と学校図書館』「第3章 学校図書館に	学校図書館実践テキストシリーズ4、樹	これらのレファレンス・サービスに付随して行われるサービスが〈副次的サービス〉としてレファレンスの業務に合めて考えられる。

読書相談・読書案内の両方の用語を使用するテキスト

	編著者	タイトル等	出版社・出版年等	内容
		おける情報サービス」(堀川照代執筆)「(2)レファレンス・サービス」「3)レファレンス・サービスの業務内容	村房、1999年	えられている。……読書案内・指導は「銀のほのおの国」(ほかに神沢利子さんの書いた本を読みたい」など、図書の選択に関してなされる要求に対応するものである。レファレンス・サービスが何か特定の調べることについて情報・資料を提供するのに対して、読書案内・指導では読書興味の拡大、読書能力の向上などが意図される。しかし、読書案内・指導も質問回答サービスも、児童・生徒の問いかけをきっかけとして行われるものであり、そのプロセスのなかで質問回答サービスとなったり読書案内・指導となったりして結果として区別されることも多い。
(二)	中西裕[ほか]	『情報サービス論及び演習』「第1章 情報サービスとは何か」(中西裕執筆)「第2節 情報サービスの種類」	ライブラリー図書館情報学6、学文社、2012年	以上が主な情報サービスの種類である。この他に読書案内(読書相談)をこの中に入れる考え方もあるが、これについてはさまざまな見解がある。書誌情報に関する質問・回答が情報サービスに入るとは間違いない。一方、読書案内は、学校図書館などで読書指導として読書能力を身につけさせる場面に見られる読書相談から、あるテーマに関して適切な図書資料を選んで提供する場面まで、非常に幅広いととらえ方が可能である。W.A.カッツはこのサービスを、いわゆる「良書」を選ぶといった面に焦点をあてて考え、一般のレファレンスサービスとは別のものととらえている。
(三)	朝比奈大作	『読書と豊かな人間性』「第5章 読書指導の方法」(蔵元利子執筆) 8. 読書相談と読書案内	司書教諭テキストシリーズ4、樹村房、2002年	1) 読書相談 児童生徒だけでなく教師からの相談も増えてくる。 2) 読書案内 司書教諭は、個人に合わせた読書案内ができるように、あらゆる

ジャンルの本の情報を集め、できるだけ多くの図書に目を通しておかなければならない。

読書アドバイスを使用するテキスト

	編著者	タイトル等	出版社・出版年等	内容
（ホ）	大串夏身・齊藤誠一	『情報サービス論』「第2章 図書館における情報サービスの意義と種類」（大串夏身執筆）第12節 児童サービスその他	理想社, 2010年	児童サービスでは、読書アドバイスとレファレンスサービスを区分することは適当すべきではない。ともに応えられるようにツールを備え、職員を養成すべきであろう。ヤングアダルトサービスにおいても、読書アドバイスとともに情報サービスは重要な位置を占める。…… 成人向けのサービスでは、レファレンスサービスと読書アドバイスとはカウンターを分けて提供されるべきである。レファレンスサービスはレファレンスコレクションを活用する。読書アドバイスは一般の読み物などの資料の中にカウンターが設けられ、比較的大規模な図書館では1階にレファレンスカウンターがあり、2階に読書アドバイスのカウンターがあるという具合にである。読書アドバイスも情報サービスの一つに位置づけられる。
（ヘ）	金沢みどり	『児童サービス論』「第7章 資料や情報の提供に関するサービス」「第3節 読書アドバイス」	第2版, ライブラリー図書館情報学7, 学文社, 2014年	「読書アドバイス」（reading advice）とは、読書に関する図書館利用者への援助のことである。これまで一般的に「読書相談サービス」（readers' advisory service）あるいは「読書案内」（reading guide）と呼ばれてきた。これらは、貸出サービスに適した資料を紹介するサービスであり、利用者の資料選択に関する相談に応じて利用者に適した資料を紹介するサービスである。「市民の図書館」[日本図書館協会編, 1970] では貸出の前段階として位置づけられている。……

表2

	著者	タイトル等	学校	内容
(A)	清重曜子	「歩き始めの学校図書館」(『れふぁれんす三題噺』50, 『図書館雑誌』93-2, 1999年2月)	三鷹市立第一中学校図書館	その2 えらんでくれて、ありがとう――公立図書館との連携 1年の国語のN先生からお声がかかりました。「そこまでとべたら」という、中学生が主人公の読み物の単元に入るので、予定時間数のうち2時間を使って。(ほかにも中学生が主人公の物語を読ませたいという相談でした。簡単な要約ノートを書く。これを1週間で全クラス終わらせたいということです。2・3日持ち帰って読んで、簡単な要約ノートを書く。この選択の余地を残すには300冊は欲しいと考えて、さっそく抜き出しにかかりました。ところが、主人公の年齢を限定すると、意外に本がないのです。……本があるとは言え、5クラス目、6クラス目になると、本の数は半減し、分厚い本や古めかしい本が多くなります。生徒の選書時間も長くなります。……本にさわりもせず立ったままの女子がいるので、「本なんて好きじゃない」という返事です。「そうか」でも声をかけながら、1冊拾い出しました。……『聖魔女たち』(北原樹和、偕成社)。短編集です。「この中のひとつでいいんだから、試してごらん。私はとても楽しかったけれど」と言って渡すと、眠ったような目つきのまま、どうでもいいやという感じで席にもどっていきます。間もなく、「これ面白かったよ。もう読めちゃった」とさっきとはうって変わって、目もとくっきり、ニコニコ生徒が顔を出しました。さっきとはうって変わって、目もとくっきり、ニコニコしながら本を振っています。「えらんでくれて、ありがとう」とひとこと、席にもどってゆきました。
(B)	山本恵美子	「効果的なレファレンスは教師との連携で――学校図書館での情報サービス――」(『れふぁれんす三題噺』)	島根県立出雲工業高等学校図書館	その3 「授業や行事に関連して」 学校では、課題研究以外にも、授業や学校行事に関連した質問がよくあります。以下、事例を紹介します。…… Q：読書に、「何かおすすめの小説は？」など。

			噺」106.『図書館雑誌』98-2. 2004年2月)	
(C)	村上恭子	「レファレンスから見える中学校図書館の日常」(『れふぁれんす三題噺』139.『図書館雑誌』101-5, 2007年5月)	東京学芸大学附属世田谷中学校図書館	その2 「何か面白い本はな〜い?」 レファレンスの二つ目は、とにかく何か自分にとって面白い本を教えてほしいという要求です。…… 本をあまり読まない生徒が図書館に気軽にやって来ます。……中高生が主人公のリアルな物語は共感を呼びやすく、読書のきっかけとなることが多いのです。生徒と本を結びつけるためのレファレンスは司書の腕の見せ所かもしれません。
(D)	鹿野恵子	「開けばわかる」頼れる図書館をめざして─レファレンス記録の抜粋は職員会議で報告─(『れふぁれんす三題噺』146.『図書館雑誌』102-2, 2008年2月)	岡山市立中山中学校図書館	その2 「読書感想文の書きやすい本は?」 毎年、夏休みになると最も多い質問です。この質問は書架の前の生徒といっしょに歩き、本を手にとりながら紹介していくので、レファレンスというよりフロアーワークになるかもしれません。…… 男子が共感できるリアル系の物語が稀少で、いつも苦戦します。……私が男子向けに紹介する本の定番にしているのは、『青き流れに』(幅房子/著 理論社/刊)と『モーツァルトの伝言』(加藤純子/著 ポプラ社/刊)です。いずれも男子中学生が主人公で、思春期の少年の心情が上手に取れるように伝わってくる作品です。
(E)	勝山万里子	「『本との出会い』のレファレンス─高校生によるブックトーク授業から─」(『れふぁれんす三題噺』160.『図書館雑誌』103-7, 2009年7月)	茨城県立佐和高等学校図書館	その3 なんかおもしろい本はないっすか? 部活漬けで何も本を読んでいない生徒が1週間後の原稿提出を前に、せっぱ詰まってカウンターにやってきました。「なんかおもしろい本ないっすか?」「今まで読んだ本って、どんなのだった?」「読んでないっす!」「じゃあ、読書感想文は何で読んでないっすか?「んー、部活は何?」「サッカー!」では、スポーツ関係はどうかと、スポーツの本棚に移動しサッカー関連の本も合わせめ書架をざっと解説。…… 本校では、レファレンスブックを駆使して調査するような狭義のレファレンスはほとんどなく、事例のように、いわゆる読書相談とされるあいまいな質問が大半です。しかし、利用者が求める課題を分析し、資料の案内をするという点では

				レファレンスに変わりないと思っています。
(F)	楪田久子	「レファレンスには笑顔と言葉を添えて──毎年出会うレファレンス事例から──」(『れふぁれんす三題噺』174,『図書館雑誌』104-11, 2010年11月)	奈良県立高取国際高等学校図書館	その3　読書感想文を書くのにいい本ありますか。 毎年１・２年生の夏休みの課題の一つに読書感想文提出というのがあるので必ず受けるレファレンスです。…… そのときに紹介したのは、@いろんなスポーツを題材にした短編を集めた『青春スポーツアンソロジー──オーバー・ザ・ウインド』(JIVE)……©少年少女が主人公の作品を集めた『青春小説傑作選14歳の本棚』(新潮文庫) 全3巻「部活学園編」「初恋友情編」「家族兄弟編」です。それ以外に読書案内の本を紹介して、その中から自分が読みたいと思うものを見つけてもらうようにしました。…… 高校生の恋愛を書いた本「泣ける本」など漠然とした本など「なにかおもしろい本」とか「高校生のようにレファレンスではこのようにレファレンス事例のように、@や©のように恋愛が感かれそうなテーマの小説を集めた本はレファレンスに重宝しています。もうひとつ、奈良県の学校司書部会の「YA！研究班」が作成したヤングアダルト本リストの冊子ですが、これは今の高校生の実態にあった本を紹介してくれているのでレファレンスに大いに役立っています。
(G)	大村恵子	「『こんな本ある？』から始まるレファレンス──会津の高校図書館で──」(『れふぁれんす三題噺』191,『図書館雑誌』106-5, 2012年5月)	福島県立会津高等学校図書館	本校図書館に普段寄せられるレファレンスは、「こんな本はありますか？」という問い合わせや、読書相談の形をとることが多いです。 その2　地域医療について書かれた本はありますか？ この生徒は「医療や医療の本はどこにありますか？」と聞きに来ました。話を聞くと、推薦入試を受けるので、医療の本をいくつか読んでおきたい、ということ。進学校ですので、夏休み終わり頃から３月にかけて、受験のために知識をつけたいので本を探している。という生徒は毎年数多くやってきます。そのため、本校図書館では「医療」「教育」「環境」など、いくつかのテーマによって入試・小論文対策に使えそうな本を別置してあります。 その3　美味しそうな料理の出ている小説はないですか？ レファレンスというよりも、読書相談やブログワークというべきかもしれません。

学校図書館では読書相談が多く、特に「なにかおもしろい本ない?」という質問はかなりの頻度で聞かれます。……

このようなレファレンスや読書相談に備えて、福島県高等学校司書研修会の会津部会では、研修で「使えるブックリスト」を作成しています。この「美味しい本」の他、「部活動やスポーツがテーマの本」「泣ける本」「怖い本」など、役立ちそうなテーマで各自作成したブックリストを持ち寄り、交換して活用しています。他の司書の視点で作成されたブックリストは、手作りのレファレンス資料として、いざというとき大変参考になります。

(H)	坂下直子	「学校図書館の三つの使命とレファレンス」(『れふぁれんす三題噺』221, 『図書館雑誌』109-5, 2015年5月)	京都女子大学附属小学校図書館	その1　読書センターとしての役割　「今の私にぴったりな、おもしろくて、ぐっとくる本を紹介してください。」いわゆる読書案内と称されるものです。これまで自分ではなにげなく本を選んで読んでいた児童ですが、あるときカウンターで依頼してくれました。……一番大切にしていることは、当該児童との会話です。話し込んでみて書架に一緒に行き、試しに1冊手渡します。
(I)	山田恵子	「学校図書館の日常的なレファレンス」(『れふぁれんす三題噺』223, 『図書館雑誌』109-7, 2015年7月)	神奈川県立住吉高等学校図書館	その3　日本の妖怪や神様が出てくる怖くないような小説が読みたい。「泣けるせつない恋愛系」「10代の活躍するバカ騒ぎ系の小説」「今ーーバスな〇〇」「彼に貢いでしまうので恋愛心理の本」など「こんな本が読みたい」という相談もよくあります。
(J)	野里純	「学校図書館あるある…?―学校司書の身辺雑記風に―」(『れふぁれんす三題噺』232, 『図書館雑誌』110-4, 2016年)	那覇市立城北中学校図書館	その1　「面白い本ないですか?」「胸がキュンキュンする本が読みたい」と言われりや「ごめん、不得意分野です」と逆にどんな本がいいのか教えてもらって次から提供できるようにします。……この定番の「何か面白い本はないですか?」は、自分が試されているようでちょっと緊張します。その年々で反応が違い、意外と定番というのがないのです。

その2　「読書感想文の本はありますか？」
学校図書館で働くこと10数年、きっと前からこの問い合わせは受けていたし、それに対して当然のように、その年々の青少年読書感想文全国コンクールの課題図書を紹介していました。……
それが「面白い本ありますか？」と同じような意味でも使われていると気づいたのは、つい数年前のことです。
すなわち「感想文の題材としてふさわしい本」を求めているのは、つい数年前のことです。
読んだ本の感想を書くのではなく、作文を書くために本を読むパターンがあることを失念し、そこに始まる思い込みからレファレンスインタビューを十分に行わず、結果生徒たちの要望に応えられていなかった失敗例です。

その1　○○学部の入試対策に読むべき本を教えてほしい。
その2　キュンキュンする物語が読みたいんです。

その3　生徒がおすすめする本はなんですか？：カウンター事件簿……
《お客さん横取り事件》
中2女子のKさん、普段からよく読んでいる生徒ですが、あるときカウンターにやってきて「感動する本はありませんか？　泣きたいですぅ……」とのこと。
何系の本がいいのかな、と考えているところ、たまたま居合わせたラノベ好きなビューユーザーの高1女子のIさん、「あるよ」と一言、Kさんをつれて書架へ。
しばらくするとKさんは「きみにしか聞こえない」（乙一　角川書店　2001年）を紹介されて借りていきました。

	著者	タイトル	機関
(K)	熊木寛子	「人とつながるレファレンス―高校図書館での日常から」（『れふぁれんす三題噺』237. 『図書館雑誌』110-9. 2016年9月）　4月）	新潟県立三条高等学校図書館
(L)	片岡則夫	「子どもたちの力でレファレンス―中高生もお手伝いできます」（『れふぁれんす三題噺』242. 『図書館雑誌』111-3. 2017年3月）	清教学園中・高等学校図書館リブラリア

あとがき

　本書は既発表の論文7篇に，新稿2篇を加え構成している（「初出一覧」参照）。この内，既発表論文については，「序論」でも述べたように，個々に執筆したものなので内容に重複する部分もあり，発表後の国の施策の新しい動きなどもある。しかし，それぞれ執筆時に最善を尽くして書いたものなので，基本的にはそのままの内容とした。江戸時代の咸宜園の図書館機能と，情報サービスに焦点を当てて現代の図書館を考察したものの2部で構成した。本書の意図や内容は，「序論」で述べているので割愛する。手に取っていただければ幸甚である。

　また，表紙や口絵には咸宜園の建物・広瀬淡窓の肖像画・淡窓の著述の版本を掲載させていただいた。各所蔵機関はキャプションに記したが，表紙には『遠思楼詩鈔』から，「暁過書塾」（「暁に書塾を過ぐ」）の部分を掲げた。淡窓の作品の中で好きなものの1つであり，「衰年」の自身の自戒にしている詩でもある。

　この度，牛歩ながらも進めてきた筆者の研究のささやかな成果を，一書にまとめる機会を得た。初めての単著であり，まことに望外の慶びである。本書が成るに当たっては，木野主計先生のご高配に与かった。木野先生には，図書館情報学を一からご教示いただいた。また，図書館情報学をご教示いただき，いつも筆者を励ましてくださった故志村尚夫先生のお導きのあったことも実感している。両先生に，改めて深謝申し上げたい。

　また，（国士舘大学教授）藤森馨先生に全体の監修をしていただき，（国士舘大学准教授）松野敏之先生に第1部を，（國學院大學栃木短期大学准教授）篠塚富士男先生に第2部を校閲していただいた。3人の先生には種々のご助言をいただいた。ここに，深謝申し上げる。さらに，（國學院大學大学院特別研究員）塩川哲朗氏に，校正の労を煩わせた。改めて，お礼申し上げる。

　最後になったが，樹村房の大塚栄一社長のご英断がなければ，本書は刊行されなかったことを銘肝しておきたい。大塚社長には，本書の作成段階で，多くのご助言をいただいた。ここに，改めて深謝申し上げる。

　　2018年5月14日

　　　　　　　　　　　　　　　　　　　　　　　　　　　　三澤　勝己

索引

あ行

朝読書　154-155
生きる力　92, 106, 123
気吹舎　26, 29, 33-35
『気吹舎塾則演義』　33-34
『遠思楼詩鈔』　65, 70
緒方洪庵　54-55, 59

か行

『懐旧楼筆記』　20, 30, 47, 59, 70
『嘉永五年壬子改正　塾約』　17, 48, 61
係教諭　134
学習指導要領　92, 106, 108, 116, 123, 151
学習センター　88, 151
貸出　28, 31, 33, 35, 60, 102, 105-106, 115, 126, 131-132, 147-150, 155
課題解決支援サービス　110, 125
学校司書　93, 96-97, 110, 114, 130-134, 136, 138, 141, 152-155
学校図書館支援センター　108-109, 111-113, 115, 121-122, 124-134, 136, 140-141
学校図書館法　108, 121
株仲間解散令　76
亀井昭陽　10-12, 29, 32, 40-41
亀井南冥　10-12, 26, 29-31, 35, 40-41
辛島春帆　72-73, 80-81
カレントアウェアネスサービス　89-90, 103, 105, 115
河内屋茂兵衛　43, 55, 65, 70, 75-76, 78-82
咸宜園　10-11, 13-15, 19-22, 31, 38-41, 43-44, 46-49, 53-63, 65-66, 68-70, 72, 75, 81
『甘棠館学規』　30-32
『宜園百家詩』　55, 65-66, 70-73, 75, 81
菊池渓琴　77, 79, 82

さ行

『癸卯改正規約』　15, 17-19, 21, 61
『九桂草堂随筆』　58-59
教育課程　41, 93, 107, 110, 115, 135-136, 141, 153, 155
月旦評　10, 14, 17-22, 41, 49, 60, 68, 73
『謙吉へ申聞候事』　11-12, 21
公立図書館の設置及び運営上の望ましい基準　91, 105, 108, 123, 125
子どもの読書活動の推進に関する法律　88, 123
『これからの図書館像』　91, 105, 125

さ行

『参考事務規程』　149
参考図書　60, 150
時習館　31-32, 61
司書　39, 113, 131, 134-135, 141
司書教諭　93, 97, 114, 127, 130, 134, 141, 151-155
志智嘉九郎　149
児童サービス　134-135, 141
柴秋村　53-55, 59-60, 62-63
『市民の図書館』　105, 147, 149
『秋村遺稿』　53-54
蕭舎　53, 56-58, 62
『塾則』　15, 17-18, 48, 61
出版統制令　76, 79, 82
主簿　16-17, 19, 21-22
生涯学習社会　91-92, 105-106, 115, 124
常侍史　15, 17, 20-22
昌平坂学問所　12, 26, 76-79
情報源　90, 92, 97-98, 104, 113-114, 134, 141
情報サービス　88-93, 95-97, 102-107,

110-111, 114-116, 122, 128, 130, 132-135,
140-141, 148-150, 155
情報センター　88, 151
情報リテラシー　92, 94-95, 97-98, 106, 116,
133-134, 141
職任制　10, 12, 14-15, 17, 21-22
書物問屋仲間　76, 82
資料相談　147
『辛丑改正規則』　15, 60
須原屋茂兵衛　65, 76-80, 82
『析玄』　65-66, 70-82
先生のための授業に役立つ学校図書館活用
　データベース　136-138
蔵書監　17, 20, 31-32, 48, 59-61
蔵版　76-80, 82

た行

武谷祐之　15, 43-44, 47-48, 59, 63
『中小都市における公共図書館の運営』
　105
『追思録』　55, 62
『丁巳改正規約』　61
読書アドバイス　147-148, 155
読書案内　147-150, 152, 155
読書感想文　153-155
読書センター　88, 108, 113, 121, 151
読書相談　147-156
都講　15, 18-19, 22, 47, 55-57, 60
図書館の設置及び運営上の望ましい基準
　108, 123
図書館法　108, 121
図書館利用教育　93-94, 97, 107, 134, 141

な行

『南柯一夢』　15-20, 43-44, 47-48, 59-60, 63
『日間瑣事備忘』　54-55, 65-72, 74-79, 81-
　82

入門簿　14, 20, 55, 68, 73

は行

羽倉簡堂　40, 44, 54
パスファインダー　113-114, 116, 155-156
発信型情報サービス　90, 113
藍英館　26, 29-31, 35
『藍英館学規』　30-32
日野鼎哉　67, 70, 72, 74-76, 81
平田篤胤　26, 29, 33-35
広瀬旭荘　11, 21, 38, 41-48, 53-59, 62-63,
　65-66, 69, 71-75, 77-79, 81-82
広瀬青村　54, 63, 82
広瀬淡窓　10-15, 17-22, 29-31, 38-49, 53,
　58-60, 62, 65, 68-73, 75, 79-82
広瀬林外　43
ブックトーク　153-155
ブックリスト　96, 155

ま・や・ら行

前川恒雄　149
矢上快雨　45-46, 65-75, 79-82
夜話会　21, 41
ヤングアダルトサービス　110
利用指導　94-95, 97, 107
レファレンスインタビュー　92-93, 114,
　135, 141, 154-155
レファレンス協同データベース　111, 136,
　139
レファレンスサービス　88-90, 93, 102-
　104, 107, 111-113, 115-116, 122, 125, 140,
　148, 150, 155
レファレンス事例集　111, 134, 136, 140-
　141
レファレンスツール　140
レフェラル・サービス　90, 104-105, 115-
　116

初出一覧

第Ⅰ部　江戸の書院・咸宜園
第1章　広瀬淡窓と咸宜園の教育―職任制を中心として―
　　　　「広瀬淡窓と咸宜園の教育―職任制を中心として―」（『こころ』191，石門心学
　　　　会，2010年8月）
第2章　近世私塾の蔵書閲覧規定試考―蜚英館と気吹舎を事例として―
　　　　「近世私塾の蔵書閲覧規定試考―蜚英館と気吹舎を事例として―」（『東洋文化』
　　　　100，無窮会，2008年4月）
第3章　咸宜園の漢籍収集と塾生の閲覧
　　　　「咸宜園の漢籍収集と塾生の閲覧」（『漢籍　整理と研究』12，漢籍研究会，2004
　　　　年3月）
第4章　広瀬旭荘の咸宜園蔵書収集の発想について―柴秋村「蕭舎義書目録序」を手が
　　　　かりとして―
　　　　「広瀬旭荘の咸宜園蔵書収集の発想について―柴秋村「蕭舎義書目録序」を手が
　　　　かりとして―」（『経済研紀要』25，国士舘大学政経学部附属経済研究所，2013年
　　　　3月）
第5章　広瀬淡窓の著述『析玄』出版と咸宜園門下生・矢上快雨
　　　　新稿

第Ⅱ部　現代の図書館
第1章　学校図書館における情報サービスの意義と重要性
　　　　「学校図書館における情報サービスの意義と重要性」（『コミュニケーション文化』
　　　　9，跡見学園女子大学文学部コミュニケーション文化学科，2015年3月）
第2章　学校図書館と公共図書館の情報サービスにおける協力の動向と今後への提言―
　　　　学校図書館側からの協力という視点を中心として―
　　　　「学校図書館と公共図書館の情報サービスにおける協力の動向と今後への提言―
　　　　学校図書館側からの協力という視点を中心として―」（『十文字学園女子大学短期
　　　　大学部研究紀要』45，2015年3月）
第3章　学校図書館と公共図書館との情報サービスにおける連携協力の考察―学校図書
　　　　館支援センターの事業を対象として―
　　　　「学校図書館と公共図書館との情報サービスにおける連携協力の考察―学校図書
　　　　館支援センターの事業を対象として―」（『跡見学園女子大学文学部紀要』51，2016
　　　　年3月）
第4章　学校図書館における読書相談サービスの可能性
　　　　新稿

［著者紹介］

三澤勝己（みさわ・かつみ）

1953年1月　　東京都台東区に生まれる
1975年3月　　國學院大學文学部史学科卒業
1986年3月　　國學院大學大学院文学研究科博士課程後期単位取得満期退学
1975年4月　　豊島岡女子学園高等学校教諭（〜1981年3月）
1989年4月　　財団法人大倉精神文化研究所専任研究員（〜2001年3月）
現在：跡見学園女子大学・関東学院大学・国士舘大学・十文字学園女子大学・
　　昭和女子大学・大東文化大学・早稲田大学の非常勤講師
主な業績：『日本の経済思想世界―「十九世紀」の企業者・政策者・知識人―』
　　（共著，日本経済評論社，2004年），『蒙求』（編著，新書漢文大系28，明治書
　　院，2005年）

江戸の書院と現代の図書館

2018年9月28日　初版第1刷発行
2022年4月6日　初版第2刷

著　　者ⓒ　三　澤　勝　己

〈検印省略〉

発　行　者　大　塚　栄　一

発　行　所　株式
会社　樹村房
JUSONBO

〒112-0002
東京都文京区小石川5-11-7
電　話　　03-3868-7321
ＦＡＸ　　03-6801-5202
振　替　　00190-3-93169
https://www.jusonbo.co.jp/

印刷／亜細亜印刷株式会社
製本／有限会社愛千製本所

ISBN978-4-88367-309-4　乱丁・落丁本は小社にてお取り替えいたします。